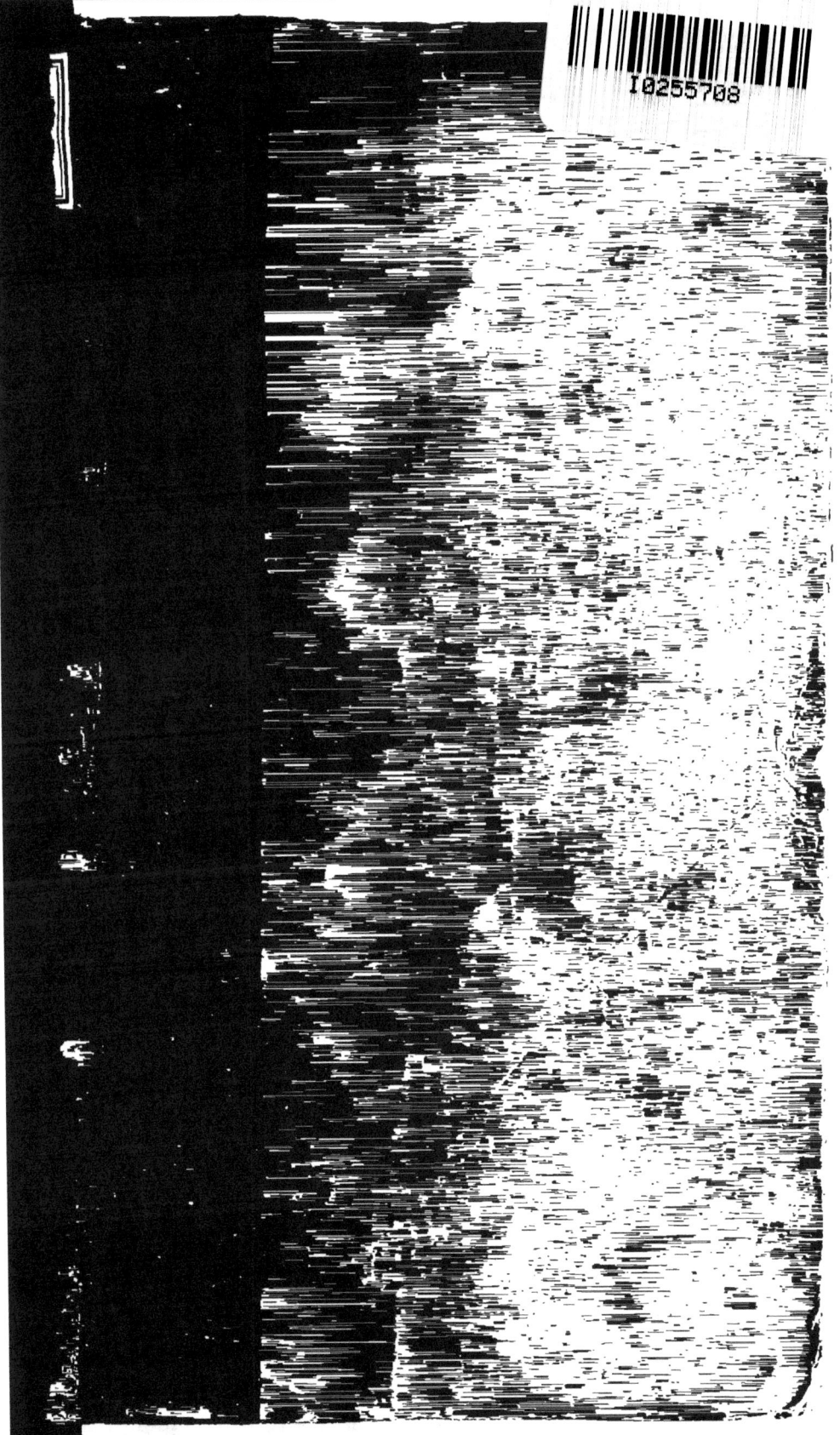

Z

Z   24563

ŒUVRES
DE
M. DE VOLTAIRE.

ŒUVRES
DE
M· DE VOLTAIRE,
SECONDE ÉDITION

Confidérablement augmentée,

Enrichie de Figures en taille - douce.

TOME XXII.

Contenant l'Essai sur l'Histoire Générale.

M. DCC. LVII.

ESSAI
SUR
L'HISTOIRE
GÉNÉRALE,

ET SUR LES MŒURS ET L'ESPRIT DES NATIONS, DEPUIS CHARLEMAGNE JUSQU'A NOS JOURS.

CHAPITRE CCVIII.
DU JANSENISME.

LE Calvinisme devait nécessairement enfanter des guerres civiles, & ébranler les fondemens des Etats. Le Jansénisme ne pouvait exciter que des querelles Théologiques, & des guerres de plume ; car les Réformateurs du seiziéme siécle ayant déchiré

Tome X.   A

tous les liens par qui l'Eglise Romaine tenait les hommes, ayant traité d'idolâtrie ce qu'elle avait de plus sacré, ayant ouvert les portes de ses Cloîtres, & remis ses tréfors dans les mains des féculiers; il fallait qu'un des deux partis pérît par l'autre. Il n'y a point de pays en effet, où la Religion de *Calvin* & de *Luther* ait paru, sans exciter des persécutions & des guerres.

Mais les Janfénistes n'attaquant point l'Eglise, n'en voulant ni aux dogmes fondamentaux, ni aux biens, & écrivant sur des questions abstraites, tantôt contre les Réformés, tantôt contre les Constitutions des Papes, n'eurent enfin de crédit nulle part; & ils ont fini par voir leur secte méprisée dans presque toute l'Europe, quoiqu'elle ait eu plusieurs partisans très-respectables par leurs talens & par leurs mœurs.

Dans le tems même où les Huguenots attiraient une attention sérieuse, le Janfénisme inquiéta la France plus qu'il ne la troubla. Ces disputes étaient venues d'ailleurs comme bien d'autres. D'abord un certain

Docteur de Louvain nommé *Michel Bay*, qu'on appellait *Baïus* selon la coutume du pédantisme de ces tems-là, s'avisa de soûtenir, vers l'an 1552. quelques propositions sur la Grace & sur la Prédestination. Cette question, ainsi que presque toute la Métaphysique, rentre pour le fonds dans le labyrinthe de la fatalité & de la liberté, où toute l'Antiquité s'est égarée, & où l'homme n'a guères de fil qui le conduise.

L'esprit de curiosité donné de DIEU à l'homme, cette impulsion nécessaire pour nous instruire, nous emporte sans cesse au-delà du but, comme tous les autres ressorts de notre ame, qui, s'ils ne pouvaient nous pousser trop loin, ne nous exciteraient peut-être jamais assez.

Ainsi, on a disputé sur tout ce qu'on connaît & surtout ce qu'on ne connaît pas. Mais les disputes des anciens Philosophes furent toujours paisibles ; & celles des Théologiens, souvent sanglantes, & toujours turbulentes.

Des Cordeliers, qui n'entendaient pas plus ces questions que *Michel Baïus*, crurent le libre arbitre renversé & la doctrine de *Scot* en danger. Fâchés d'ailleurs contre *Baïus* au sujet d'une querelle à-peu-près dans le même goût, ils défèrent soixante & seize propositions de *Baïus* au Pape *Pie V*. Ce fut *Sixte-Quint*, alors Général des Cordeliers, qui dressa la Bulle de condamnation en 1567.

Soit crainte de se compromettre, soit dégoût d'examiner de telles subtilités, soit indifférence & mépris pour des thèses de Louvain, on condamna respectivement les soixante & seize propositions en gros, comme hérétiques, sentant l'hérésie, mal sonantes, téméraires & suspectes, sans rien spécifier & sans entrer dans aucun détail. Cette méthode tient de la Suprême puissance, & laisse peu de prise à la dispute. Les Docteurs de Louvain furent très-empêchés en recevant la Bulle ; il y avait surtout une phrase, dans laquelle une virgule, mise à une place ou à une autre, condamnait ou tolérait quelques opinions de *Michel Baïus*. L'Université députa à Rome, pour savoir du Saint-

Du Janfénifme.

Pére où il fallait mettre la virgule. La Cour de Rome, qui avait d'autres affaires, envoya pour toute réponse à ces Flamans un exemplaire de la Bulle, dans lequel il n'y avait point de virgule du tout. On le dépofa dans les Archives. Le grand-Vicaire nommé *Morillon* dit, qu'il fallait recevoir la Bulle du Pape, *quand même il y aurait des erreurs*. Ce *Morillon* avait raifon en politique ; car affûrément il vaut mieux recevoir cent Bulles erronées, que de mettre cent villes en cendre, comme ont fait les Huguenots & leurs adverfaires. *Baïus* crut *Morillon* & fe rétracta paifiblement.

Quelques années après, l'Efpagne auffi fertile en Auteurs Scholaftiques que ftérile en Philofophes, produifit *Molina* le Jéfuite, qui crut avoir découvert précifément comment Dieu agit fur les créatures, & comment les créatures lui réfiftent. Il diftingua l'ordre naturel & l'ordre furnaturel, la prédeftination à la grace & la prédeftination à la gloire, la grace prévenante & la coopérante. Il fut l'inventeur du Concours concomitant, de la Science moyenne & du Congruifme. Cette Science moyenne & ce Congruifme étaient furtout des idées rares. DIEU par fa Science moyenne confulte habilement la volonté de l'homme, pour favoir ce que l'homme fera quand il aura eu fa grace; & enfuite, felon l'ufage qu'il devine que fera le libre arbitre, il prend fes arrangemens en conféquence pour déterminer l'homme; & ces arrangemens font le *Congruifme*.

Les Dominicains Efpagnols, qui n'entendaient pas plus cette explication que les Jéfuites, mais qui étaient jaloux d'eux, écrivirent que le livre de *Molina* était le précurfeur de l'*Antéchrift*.

La Cour de Rome évoqua la difpute, qui était déja entre les mains des Grands-Inquifiteurs; & ordonna, avec beaucoup de fageffe, le filence aux deux partis, qui ne le gardèrent ni l'un, ni l'autre.

Enfin on plaida férieufement devant *Clément VIII.;* & à la honte de l'efprit humain, tout Rome prit parti dans le procès. Un Jéfuite nommé *Achilles Gaillard*, affûra le Pape, qu'il avait un moyen sûr de rendre la paix à l'Eglife ; il propofa gravement d'accepter la Prédeftination gratuite, à condition que les Dominicains admettraient la Science moyenne, & qu'on ajufterait ces deux fyftêmes comme on pourrait. Les Dominicains refufèrent l'accommodement d'*Achilles Gaillard*. Leur célèbre *Lemos* foûtint le concours prévenant & le complément de la vertu active. Les Congrégations fe multiplièrent fans que perfonne s'entendît.

Clément VIII. mourut avant d'avoir pu réduire les argumens pour & contre à un fens clair. *Paul V.* reprit le procès. Mais comme lui-même en eut un plus important avec la République de Venife, il fit ceffer toutes les Congrégations, qu'on appella & qu'on appelle encor *de auxiliis*. On leur donnait ce nom, auffi peu clair par lui-même que les queftions qu'on agitait, parce que ce mot fignifie *fecours*, & qu'il s'agiffait, dans cette difpute, des fecours que Dieu donne à la volonté faible des hommes. *Paul V.* finit par ordonner aux deux partis de vivre en paix.

Pendant que les Jésuites établissaient leur Science moyenne & leur Congruisme, *Cornélius Janfenius*, Evêque d'Ypres, renouvellait quelques idées de *Baïus* dans un gros livre fur *St. Auguftin*, qui ne fut imprimé qu'après fa mort ; de forte qu'il devint Chef de Secte, fans jamais s'en douter. Prefque perfonne ne lut ce livre, qui a caufé tant de troubles. Mais *du Verger de Haurane* Abbé de St. Cyran, ami de *Janfenius*, homme auffi ardent qu'écrivain diffus & obfcur, vint à Paris, & perfuada de jeunes Docteurs & quelques vieilles femmes. Les Jéfuites demandèrent à Rome la condamnation du livre de *Janfenius*, comme une fuite de celle de *Baïus*, & l'obtinrent en 1641. Mais à Paris la Faculté de Théologie, & tout ce qui fe mêlait de raifonner, fut partagé. Il ne paraît pas qu'il y ait beaucoup à gagner, à penfer avec *Janfenius* que Dieu commande des chofes impoffibles. Cela n'eft ni philofophique, ni confolant. Mais le plaifir fecret d'être d'un parti, la haine que s'attiraient les Jéfuites, l'envie de fe diftinguer & l'inquié-

Du Janfénifme.

tude d'efprit, formèrent une Secte.

La Faculté condamna cinq propofitions de *Janfénius* à la pluralité des voix. Ces cinq propofitions étaient extraites du livre très fidélement quant au fens, mais non pas quant aux propres paroles. Soixante Docteurs appellèrent au Parlement comme d'abus; & la Chambre des Vacations ordonna que les parties comparaîtraient.

Les parties ne comparurent point. Mais d'un côté, un Docteur nommé *Habert* foulevait les efprits contre *Janfénius* ; de l'autre, le fameux *Arnauld*, difciple de *St. Cyran*, défendait le Janfénifme avec l'impétuofité de fon éloquence. Il haïffait les Jéfuites encor plus qu'il n'aimait la grace efficace; & il était encor plus haï d'eux, comme né d'un pére qui s'étant donné au Barreau avait violemment plaidé pour l'Univerfité contre leur établiffement. Ses parens s'étaient acquis beaucoup de confidération dans la robe & dans l'épée. Son génie, & les circonftances où il fe trouva, le déterminèrent à la guerre de plume & à fe faire

Chef de parti, espèce d'ambition devant qui toutes les autres disparaissent. Il combattit contre les Jésuites & contre les Réformés, jusqu'à l'âge de quatre-vingt ans. On a de lui cent-quatre volumes, dont presqu'aucun n'est aujourdhui au rang de ces bons livres classiques, qui honorent le siécle de *Louis XIV.* & qui font la Bibliothéque des Nations. Tous ses ouvrages eurent une grande vogue de son tems, & par la réputation de l'Auteur, & par la chaleur des disputes. Cette chaleur s'est attiédie ; les livres ont été oubliés. Il n'est resté que ce qui appartenait simplement à la raison, sa Géométrie, la Grammaire raisonnée, la Logique, auxquelles il eut beaucoup de part. Personne n'était né avec un esprit plus philosophique ; mais sa Philosophie fut corrompuë en lui par la faction qui l'entraîna, & qui plongea soixante ans dans de misérables disputes de l'école, & dans les malheurs attachés à l'opiniâtreté, un esprit fait pour éclairer les hommes.

L'Université étant partagée sur ces

cinq fameuses propositions, les Evêques le furent aussi. Quatre-vingt-huit Evêques de France écrivirent en corps à *Innocent* X. pour le prier de décider, & onze autres écrivirent pour le prier de n'en rien faire. *Innocent X.* jugea; il condamna chacune des cinq propositions à part, mais toûjours sans citer les pages dont elles étaient tirées, ni ce qui les précédait & ce qui les suivait.

Cette omission, qu'on n'aurait pas faite dans une affaire civile au moindre des Tribunaux, fut faite & par la Sorbonne, & par les Janséniftes, & par les Jésuites, & par le Souverain Pontife. Le fonds des cinq propositions condamnées, est évidemment dans *Jansénius*. Il n'y a qu'à ouvrir le troisiéme tome à la page 138. édition de Paris 1641. on y lira mot-à-mot: ,, Tout cela démontre pleinement & évidemment, qu'il n'est rien de plus certain & de plus fondamental dans la doctrine de *St. Augustin*, qu'il y a certains commandemens impossibles, non-seulement aux infidéles, aux aveugles, aux endurcis;

» mais aux fidéles & aux juftes, mal-
» gré leurs volontés & leurs efforts,
» felon les forces qu'ils ont ; & que
» la Grace, qui peut rendre ces com-
» mandemens poffibles, leur man-
» que. " On peut auffi lire à la page
165. que » JESUS-CHRIST n'eft pas,
» felon *St. Auguftin*, mort pour tous
» les hommes. "

Le Cardinal *Mazarin* fit recevoir unanimement la Bulle du Pape par l'affemblée du Clergé. Il était bien alors avec le Pape ; il n'aimait pas les Janféniftes, & il haïffait avec raifon les factions.

La paix femblait rendue à l'Eglife de France : mais les Janféniftes écrivirent tant de lettres, on cita tant *St. Auguftin*, on fit agir tant de femmes, qu'après la Bulle acceptée il y eut plus de Janféniftes que jamais.

Un Prêtre de *St. Sulpice* s'avifa de refufer l'abfolution à Mr. de *Liancourt*, parce qu'on difait qu'il ne croyait pas que les cinq propofitions fuffent dans *Janfénius*, & qu'il avait dans fa maifon des hérétiques. Ce fut un nouveau fcandale, un nouveau fujet d'écrits. Le Docteur *Ar-*

nauld se signala ; & dans une nouvelle lettre à un Duc & Pair ou réel ou imaginaire, il soûtint que les propositions de *Jansénius* condamnées n'étaient pas dans *Jansénius*, mais qu'elles se trouvaient dans *St. Augustin* & dans plusieurs éres. Il ajouta, que *St. Pierre était un juste, à qui la Grace, sans laquelle on ne peut rien, avait manqué.*

Il est vrai, que *St. Augustin* & *St. Jean Chrysostome* avaient dit la même chose ; mais les conjonctures, qui changent tout, rendirent *Arnauld* coupable. On disait, qu'il fallait mettre de l'eau dans le vin des saints Péres ; car ce qui est un objet si sérieux pour les uns, est toujours pour les autres un sujet de plaisanterie. La Faculté s'assembla ; le Chancelier *Séguier* y vint même de la part du Roi. *Arnauld* fut condamné & exclus de la Sorbonne en 1654. La présence du Chancelier parmi des Théologiens eut un air de despotisme qui déplut au public ; & le soin qu'on eut de garnir la salle d'une foule de Docteurs Moines mendians, qui n'étaient pas accoûtumés de s'y trouver en si grand nombre, fit dire à *Pascal* dans ses Provinciales, *qu'il était plus aisé de trouver des Moines que des raisons.*

La plupart de ces Moines n'admettaient point le Congruisme, la Science moyenne, la Grace versatile de *Molina:* mais ils soûtenaient une grace suffisante à laquelle la volonté peut consentir & ne consent jamais, une grace efficace à laquelle on peut résister & à laquelle on ne résiste pas; & ils expliquaient cela clairement, en disant qu'on pouvait résister à cette grace dans le sens divisé, & non pas dans le sens composé.

Si ces choses sublimes ne sont pas trop d'accord avec la raison humaine, le sentiment d'*Arnauld* & des Jansénistes semblait trop d'accord avec le pur Calvinisme. C'était précisément le fonds de la querelle des Gomaristes & des Arminiens. Elle divisa la Hollande, comme le Jansénisme divisa la France; mais elle devint en Hollande un faction politique, plus qu'une dispute de gens oisifs; elle fit couler sur un échafaut le sang du Penſionnaire *Barnewelt* : violence atroce que les Hollandais déteſtent aujourdhui, après avoir ouvert les yeux ſur l'abſurdité de ces diſputes, ſur l'horreur de la perſécution, & ſur l'heureuſe néceſſité de la tolérance ; reſſource des ſages qui gouvernent, contre l'entouſiaſme paſſager de ceux qui argumentent. Cette diſpute ne produiſit en France que des Mandemens, des Bulles, des lettres de cachet & des brochures, parce qu'il y avait alors des querelles plus importantes.

Arnauld fut donc ſeulement exclus de Faculté. Cette petite perſécution lui attira une foule d'amis : mais lui & les Janſéniſtes eurent toûjours contre eux l'Egliſe & le Pape. Une des premiéres démarches d'*Alexandre VII.* ſucceſſeur d'*Innocent X.* fut de renouveller les cenſures contre les cinq propoſitions. Les Evêques de France, qui avaient déja dreſſé un Formulaire, en firent encor un nouveau, dont la fin était conçuë en ces termes : » Je condam-
» ne de cœur & de bouche la doc-
» trine des cinq propoſitions conte-

» nuës dans le livre de Cornélius Jan-
» senius, laquelle doctrine n'est point
» celle de St. Augustin, que Jansé-
» nius a mal expliquée. «

Il fallut depuis souscrire cette formule ; & les Evêques la présentèrent dans leurs Diocèses à tous ceux qui étaient suspects. On la voulut faire signer aux Religieuses de Port-Royal de Paris & de Port-Royal des Champs. Ces deux maisons étaient le Sanctuaire du Jansénisme : *St. Cyran* & *Arnauld* les gouvernaient.

Ils avaient établi auprès du Monastère de Port-Royal des Champs, une maison où s'étaient retirés plusieurs savans vertueux, mais entêtés, liés ensemble par la conformité des sentimens : Ils y instruisaient de jeunes gens choisis. C'est de cette école qu'est sorti *Racine*, le Poëte de l'Univers qui a le mieux connu le cœur humain. *Pascal* le premier des Satiriques Français, car *Despréaux* ne fut que le second, était intimément lié avec ces illustres & dangereux Solitaires. On présenta le Formulaire à signer aux filles de Port-Royal de Paris & de Port-Royal des Champs

Champs; elles répondirent, qu'elles ne pouvaient en conscience avouer après le Pape & les Evêques, que les cinq propositions fussent dans le livre de *Janséuius* qu'elles n'avaient pas lû; qu'assurément on n'avait pas pris sa pensée : qu'il se pouvait faire que ces cinq propositions fussent erronées, mais que *Jansénius* n'avait pas tort.

Un tel entêtement irrita la Cour. Le Lieutenant-Civil d'*Aubrai* (il n'y avait point encor de Lieutenant de Police) alla à Port-Royal des Champs faire sortir tous les Solitaires qui s'y étaient retirés, & tous les jeunes gens qu'ils élevaient. On menaça de détruire les deux Monastéres : un Miracle les sauva.

Mlle. *Perrier* pensionnaire de Port-Royal de Paris, niéce du célèbre *Pascal*, avait mal à un œil; on fit à Port-Royal la cérémonie de baiser une épine de la couronne qu'on mit autrefois sur la tête de JESUS-CHRIST. Cette épine était depuis longtems à Port-Royal. Il n'est pas trop aisé de prouver comment elle avait été conservée & transportée de Jérusalem au fauxbourg St. Jacques. La malade la baisa; elle fut guérie quelque tems après. On ne manqua pas d'affirmer & d'attester, qu'elle avait été guérie en un clin d'œil d'une fistule lacrymale désespérée. Cette fille n'est morte qu'en 1728. Des personnes qui ont long-tems vécu avec elle, m'ont assûré que sa guérison avait été fort longue; & c'est ce qui est bien vraisemblable. Mais ce qui ne l'est guères, c'est que DIEU, qui ne fait point de Miracles pour amener à notre Religion les trois quarts de la Terre à qui cette Religion est ou inconnue ou en horreur, eût en effet interrompu l'ordre de la Nature en faveur d'une petite fille, pour justifier une douzaine de Religeuses, qui prétendaient que *Cornélius Jansénius* n'avait point écrit une douzaine de lignes qu'on lui attribuë, ou qu'il les avait écrites dans une autre intention que celle qui lui est imputée.

Le Miracle eut un si grand éclat, que les Jésuites n'osèrent le nier. Ils prirent le parti de faire aussi des Miracles de leur côté; mais ils n'eurent point la vogue : ceux des Jansénistes étaient les seuls à la mode alors. Ils firent encor quelques années après un autre Miracle. Il y eut à Port-Royal une Sœur *Gertrude* guérie d'une enflûre à la jambe. Ce prodige-là n'eut point de succès : le tems était passé ; & Sœur *Gertrude* n'avait point un *Pascal* pour oncle.

Les Jésuites, qui avaient pour eux les Papes & les Rois, étaient entiérement décriés dans l'esprit des Peuples. On renouvellait contre eux les anciennes histoires de l'assassinat de *Henri le Grand*, médité par *Barriére*, exécuté par *Châtel* leur écolier ; le supplice du Pére *Guignard* ; leur bannissement de France & de Venise. On tentait toutes les voies de les rendre odieux. *Pascal* fit plus : il les rendit ridicules. Ses *Lettres Provinciales*, qui paraissaient alors, étaient un modéle d'éloquence & de plaisanterie. Les meilleures Comédies de *Moliére* n'ont pas plus de sel que les premiéres Lettres Provinciales. *Bossuet* n'a rien de plus sublime que les derniéres.

Il est vrai que tout le livre portait

sur un fondement faux. On attribuait adroitement à toute la Société des opinions extravagantes de quelques Jésuites Espagnols & Flamans. On les aurait déterrées aussi-bien chez des Casuistes Dominicains & Franciscains; mais c'était aux seuls Jésuites qu'on en voulait. On tâchait dans ces Lettres de prouver, qu'ils avaient un dessein formé de corrompre les mœurs des hommes; dessein qu'aucune Secte, aucune Société, n'a jamais eu & ne peut avoir. Mais il ne s'agissait pas d'avoir raison; il s'agissait de divertir le public.

Les Jésuites, qui n'avaient alors aucun bon Ecrivain, ne purent effacer l'opprobre dont les couvrit le livre le mieux écrit qui eût encor paru en France. Mais il leur arriva dans leurs querelles la même chose à-peu-après qu'au Cardinal *Mazarin*. Les *Blots*, les *Marigni* & les *Barbançon* avaient fait rire toute la France à ses dépens; & il fut le Maître de la France. Ces Péres eurent le crédit de faire bruler les Lettres Provinciales, par un Arrêt du Parlement de Provence : ils n'en furent pas moins ridicules, & en devinrent plus odieux à la Nation.

On enleva les principales Religieuses de l'Abbaïe du Port-Royal de Paris avec deux-cent gardes, & on les dispersa dans d'autres Couvents : on ne laissa que celles qui voulurent signer le Formulaire. La dispersion de ces Religieuses intéressa tout Paris. Sœur *Perdreau* & Sœur *Passart*, qui signérent & en firent signer d'autres, furent le sujet des plaisanteries & des chansons, dont la ville fut inondée par cette espéce d'hommes oisifs, qui ne voit jamais dans les choses que le côté plaisant, & qui se divertit toujours, tandis que les persuadés gémissent, que les frondeurs déclament, & que le Gouvernement agit.

Les Jansénistes s'affermirent par la persécution. Quatre Prélats, *Arnauld* Evêque d'Angers frere du Docteur, *Buzenval* de Beauvais, *Pavillon* d'Alet, & *Caulet* de Pamiers, le même qui depuis résista à *Louis XIV.* sur la Régale, se déclarerent contre le Formulaire.

C'était un nouveau Formulaire composé par le Pape *Alexandre VII*. lui-même, semblable en tout pour le fonds aux premiers, reçu en France par les Evêques & même par le Parlement. *Alexandre VII*. indigné nomma neuf Evêques Français, pour faire le procès aux quatre Prélats réfractaires. Alors les esprits s'aigrirent plus que jamais.

Mais lorsque tout était en feu, pour savoir si les cinq propositions étaient ou n'étaient pas dans *Jansénius*, *Rospigliosi*, devenu Pape sous le nom de *Clément IX*., pacifia tout pour quelque tems. Il engagea les quatre Evêques à signer *sincérement* le Formulaire; au lieu de *purement & simplement*. Ainsi il sembla permis de croire, en condamnant les cinq propositions, qu'elles n'étaient point extraites de *Jansénius*. Les quatre Evêques donnerent quelques petites explications: l'accortise Italienne calma la vivacité Française. Un mot substitué à un autre opéra cette paix, qu'on appella *la paix de Clément IX*. & même *la paix de l'Eglise*, quoiqu'il ne s'agît que d'une dispute ignorée ou méprisée dans le reste du Monde. Il paraît que depuis le tems de *Baïus* les Papes eurent toûjours pour but d'étouffer ces controverses dans lesquelles on ne s'entend point, & de réduire les deux partis à enseigner la même morale que tout le monde entend. Rien n'était plus raisonnable. Mais on avait affaire à des hommes.

Le Gouvernement mit en liberté les Jansénistes qui étaient prisonniers à la Bastille, & entre autres *Saci* Auteur de la version du Testament. On fit revenir les Religieuses exilées; elles signerent *sincérement*, & crurent triompher par ce mot. *Arnauld* sortit de la retraite où il s'était caché, & fut présenté au Roi, accueilli du Nonce, regardé par le public comme un Pére de l'Eglise; & il s'engagea dès-lors à ne combattre que les Calvinistes, car il fallait qu'il fît la guerre. Ce tems de tranquilité produisit son livre de *la perpétuité de la foi*, dans lequel il fut aidé par *Nicole*; & ce fut le sujet de la grande controverse entre eux & *Claude* le Ministre, controverse dans laquelle chaque parti se crut victorieux, selon l'usage.

La paix de *Clément IX.* ayant été donnée à des esprits peu pacifiques qui étaient tous en mouvement, ne fut qu'une trêve passagère. Les cabales sourdes, les intrigues & les injures continuèrent des deux côtés.

La Duchesse de *Longueville* sœur du grand *Condé*, si connuë par les guerres civiles & par ses amours, devenuë vieille & sans occupation, se fit dévote; & comme elle haïssait la Cour, & qu'il lui fallait de l'intrigue, elle se fit Janséniste. Elle bâtit un corps de logis à Port-Royal des Champs, où elle se retirait quelquefois avec les Solitaires. Ce fut leur tems le plus florissant. Les *Arnauld*, les *Nicole*, les *le Maître*, les *Herman*, les *Saci*, beaucoup d'hommes qui quoique moins célèbres avaient pourtant beaucoup de mérite & de réputation, s'assemblaient chez elle. Ils substituaient au bel esprit que la Duchesse de *Lon-*

gueville tenait de l'Hôtel de *Rambouillet*, leurs conversations solides & ce tour d'esprit mâle, vigoureux, & animé, qui faisait le caractère de leurs livres & de leurs entretiens. Ils ne contribuèrent pas peu à répandre en France le bon goût & la vraie éloquence. Mais malheureusement ils étaient encor plus jaloux d'y répandre leurs opinions. Ils semblaient être eux-mêmes une preuve de ce système de la fatalité, qu'on leur reprochait. On eût dit, qu'ils étaient entraînés par une détermination invincible à s'attirer des persécutions sur des chimères, tandis qu'ils pouvaient jouir de la plus grande considération & de la vie la plus heureuse, en renonçant à ces vaines disputes.

La faction des Jésuites toûjours irritée des *Lettres Provinciales*, remua tout contre le parti. Madame de *Longueville*, ne pouvant plus cabaler pour la Fronde, cabala pour le Jansénisme. Il se tenait des assemblées à Paris, tantôt chez elle, tantôt chez *Arnauld*. Le Roi, qui avait déja résolu d'extirper le Calvinisme, ne voulait point d'une nouvelle secte. Il menaça; & enfin *Arnauld*, craignant des ennemis armés de l'autorité souveraine, privé de l'appui de Madame de *Longueville* que la mort enleva, prit le parti de quitter pour jamais la France, & d'aller vivre dans les Pays-Bas, inconnu, sans fortune, même sans domestiques; lui, dont le neveu avait été Ministre d'Etat; lui, qui aurait pu être Cardinal. Le plaisir d'écrire en liberté lui tint lieu de tout. Il vécut jusqu'en 1694. dans une retraite ignorée du monde & connue à ses seuls amis, toûjours écrivant, toûjours Philosophe, supérieur à la mauvaise fortune, & donnant jusqu'au dernier moment l'exemple d'une ame pure, forte & inébranlable.

Son parti fut toûjours persécuté dans les Pays-Bas Catholiques, pays qu'on nomme *d'obédience*, & où les Bulles des Papes sont des Loix souveraines. Il le fut encor plus en France.

Ce qu'il y a d'étrange, c'est que la question, *si les cinq propositions se trouvaient en effet dans Janſénius*, était toûjours le ſeul prétexte de cette petite guerre inteſtine. La diſtinction du *fait* & du *droit* occupait les eſprits. On propoſa enfin en 1701. un problême théologique, qu'on appella *le cas de conſcience par excellence* : » Pouvait-on donner les » Sacremens à un homme qui aurait » ſigné le formulaire, en croyant dans » le fond de ſon cœur, que le Pape » & même l'Egliſe peut ſe tromper » ſur les faits ? « Quarante Docteurs ſignerent, qu'on pouvait donner l'abſolution à un tel homme.

Auſſi-tôt la guerre recommence. Le Pape & les Evêques voulaient qu'on les crût ſur les faits. L'Archevêque de Paris, *Noailles*, ordonna qu'on crût le *droit* d'une foi divine & le *fait* d'une foi humaine. Les autres, & même l'Archevêque de Cambrai *Fenélon*, qui n'était pas content de Monſieur de *Noailles*, exigérent la foi divine pour le fait. Il eût mieux valu peut-être ſe donner la peine de citer les paſſages du livre ; c'eſt ce qu'on ne fit jamais.

Le Pape *Clément XI.* donna une

Bulle en 1705., la Bulle *Vineam Domini*, par laquelle il ordonna de croire le fait, sans expliquer si c'était d'une foi divine ou d'une foi humaine.

C'était une nouveauté introduite dans l'Eglise, de faire signer des bulles à des filles. On fit encor cet honneur aux Religieuses de Port-Royal des Champs. Le Cardinal de *Noailles* fut obligé de leur faire porter cette Bulle, pour les éprouver. Elles signerent, sans déroger à la paix de *Clément IX*. & se retranchant dans le silence respectueux à l'égard du fait.

On ne fait ce qui est plus singulier, ou l'aveu qu'on demandait à des filles que cinq propositions étaient dans un livre latin, ou le refus obstiné de ces Religieuses.

Le Roi demanda une Bulle au Pape, pour la suppression de leur Monastère. Le Cardinal de *Noailles* les priva des Sacremens. Leur Avocat fut mis à la Bastille. Toutes les Religieuses furent enlevées & mises chacune dans un Couvent moins désobéissant. Le Lieutenant de Police fit démolir en 1709. leur maison de fond en comble ; & enfin en 1711. on déterra les corps qui étaient dans l'Eglise & dans le cimetiére, pour les transporter ailleurs.

Les troubles n'étaient pas détruits avec ce Monaftère. Les Janfénistes voulaient toûjours cabaler, & les Jéfuites fe rendre néceffaires. Le Pére *Quénel* Prêtre de l'Oratoire, ami du célébre *Arnauld*, & qui fut compagnon de fa retraite jufqu'au dernier moment, avait dès l'an 1671. compofé un livre de réflexions pieufes fur le texte du Nouveau Teftament. Ce livre contient quelques maximes, qui pourraient paraître favorables au Janfénifme ; mais elles font confonduës dans une fi grande foule de maximes faintes & pleines de cette onction qui gagne le cœur, que l'ouvrage fut reçu avec un applaudiffement univerfel. Le bien s'y montre de tous côtés ; & le mal il faut le chercher. Plufieurs Evêques lui donnerent les plus grands éloges dans fa naiffance, & les confirmerent quand le livre eut reçu encor par l'Auteur sa derniére perfection. Je sai même que l'Abbé *Renaudot*, l'un des plus savans hommes de France, étant à Rome, la premiére année du Pontificat de *Clément XI.* allant un jour chez ce Pape qui aimait les savans & qui l'était lui-même, le trouva lisant le livre du Pere *Quénel*. *Voilà*, lui dit le Pape, *un livre excellent. Nous n'avons personne à Rome, qui soit capable d'écrire ainsi. Je voudrais attirer l'Auteur auprès de moi.* C'est le même Pape, qui depuis condamna le livre.

Il ne faut pourtant pas regarder ces éloges de *Clément XI.* & les censures qui suivirent les éloges, comme une contradiction. On peut être très-touché dans une lecture des beautés frapantes d'un ouvrage, & en condamner ensuite les défauts cachés. Un des Prélats, qui avaient donné en France l'approbation la plus sincère au livre de *Quénel*, était le Cardinal de *Noailles* Archevêque de Paris. Il s'en était déclaré le protecteur, lorsqu'il était Evêque de Châlons ; & le livre lui était

Du Janfenifme.

dédié. Ce Cardinal plein de vertus & de fcience, le plus doux des hommes, le plus ami de la paix, protégeait quelques Janféniftes fans l'être, & aimait peu les Jéfuites fans leur nuire & fans les craindre.

Ces Péres commençaient à jouir d'un grand crédit, depuis que le Pére *de la Chaife*, gouvernant la confcience de *Louis XIV.* était en effet à la tête de l'Eglife Gallicane. Le Pére *Quênel*, qui les craignait, était retiré à Bruxelles avec le favant Bénedictin *Gerberon*, un Prêtre nommé *Brigode*, & plufieurs autres du même parti. Il en était devenu le Chef après la mort du fameux *Arnauld*, & jouiffait comme lui de cette gloire flateufe, de s'établir un Empire fecret indépendant des Souverains, de régner fur des confciences, & d'être l'ame d'une faction compofée d'efprits éclairés. Les Jéfuites, plus répandus que fa faction & plus puiffans, déterrerent bientôt *Quênel* dans fa folitude. Ils le perfécutèrent auprès de *Philippe V.* qui était encor Maître des Pays-Bas, comme ils avaient poursuivi *Arnauld* son maître auprès de *Louis XIV*. Ils obtinrent un ordre du Roi d'Espagne, de faire arrêter ces Solitaires. *Quénel* fut mis dans les prisons de l'Archevêché de Malines. Un Gentilhomme, qui crut que le parti Janséniste ferait sa fortune, s'il délivrait le chef, perça les murs, & fit évader *Quénel*, qui se retira à Amsterdam, où il est mort en 1719. dans une extrême vieillesse, après avoir contribué à former en Hollande quelques Eglises de Jansénistes ; troupeau faible qui dépérit tous les jours.

Lorsqu'on l'arrêta, on saisit tous ses papiers ; & on y trouva tout ce qui caractérise un parti formé. Il y avait une copie d'un ancien contrat fait par les Jansénistes avec *Antoinette Bourignon*, célèbre visionnaire, femme riche & qui avait acheté, sous le nom de son Directeur, l'Isle de Nordstrand près du Holstein, pour y rassembler ceux qu'elle prétendait associer à une secte de Mystiques, qu'elle avait voulu établir.

Cette *Bourignon* avait imprimé à ses fraix dix-neuf gros volumes de pieuses rêveries, & dépensé la moitié de son bien à faire des prosélites. Elle n'avait réussi qu'à se rendre ridicule, & même avait essuyé les persécutions attachées à toute innovation. Enfin désespérant de s'établir dans son Isle, elle l'avait revenduë aux Jansénistes, qui ne s'y établirent pas plus qu'elle.

On trouva encor dans les manuscrits de *Quênel* un projet plus coupable, s'il n'avait été insensé. *Louis XIV.* ayant envoyé en Hollande en 1684. le Comte *d'Avaux*, avec plein pouvoir d'admettre à une trêve de vingt années les Puissances qui voudraient y entrer, les Jansénistes, sous le nom *des disciples de St. Augustin*, avaient imaginé de se faire comprendre dans cette trêve, comme s'ils avaient été en effet un parti formidable, tel que celui des Calvinistes le fut si longtems. Cette idée chimérique était demeurée sans exécution ; mais enfin les propositions de paix des Jansénistes avec le Roi de France, avaient été rédigées par écrit. Il y avait eu certainement dans ce projet une envie de se rendre trop considérables ; & c'en était assez pour être criminels. On fit aisément croire à *Louis XIV.* qu'ils étaient dangereux.

Il n'était pas assez instruit, pour savoir que de vaines opinions de spéculation tomberaient d'elles-mêmes, si on les abandonnait à leur inutilité. C'était leur donner un poids qu'elles n'avaient point, que d'en faire des matiéres d'**Etat**. Il ne fut pas difficile de faire regarder le livre du Pére *Quênel* comme coupable, après que l'Auteur eut été traité en séditieux. Les Jésuites engagèrent le Roi lui-même à faire demander à Rome la condamnation du livre. C'était en effet faire condamner le Cardinal de *Noailles*, qui en avait été le protecteur le plus zélé. On se flattait avec raison, que le Pape *Clément XI.* mortifierait l'Archevêque de Paris. Il faut savoir, que quand *Clément XI.* était le Cardinal *Albani*, il avait fait imprimer un livre tout Moliniste de son ami le Cardinal de *Sfondrate*, & que

Monsieur de *Noailles* avait été le dénonciateur de ce livre. Il était naturel de penser, qu'*Albani* devenu Pape, ferait au moins contre les approbations données à *Quénel*, ce qu'on avait fait contre les approbations données à *Sfondrate*.

On ne se trompa pas : le Pape *Clément XI.* donna vers l'an 1708. un Décret contre le livre de *Quénel*. Mais alors les affaires temporelles empêchèrent que cette affaire spirituelle, qu'on avait sollicitée, ne réusît. La Cour était mécontente de *Clément XI.* qui avait reconnu l'Archiduc *Charles* pour Roi d'Espagne, après avoir reconnu *Philippe V.* On trouva des nullités dans son Décret : il ne fut point reçu en France ; & les querelles furent assoupies jusqu'à la mort du Pére de *la Chaise* Confesseur du Roi, homme doux, avec qui les voies de conciliation étaient toûjours ouvertes, & qui ménageait dans le Cardinal de *Noailles* l'allié de Madame *de Maintenon*.

Les Jesuites étaient en possession de donner un Confesseur au Roi, comme à presque tous les Princes Catholiques. Cette prérogative est le fruit de leur institut, par lequel ils renoncent aux Dignités ecclésiastiques. Ce que leur fondateur établit par humilité, est devenu un principe de grandeur. Plus *Louis XIV.* vieillissait, plus la place de Confesseur devenait un Ministère considérable. Ce poste fut donné au Pére *le Tellier*, fils d'un Procureur de Virre en basse Normandie, homme sombre, ardent, inflexible, cachant ses violences sous un flegme aparent : il fit tout le mal qu'il pouvait faire dans cette place, où il est trop aisé d'inspirer ce qu'on veut, & de perdre qui l'on hait : il avait à venger ses injures particuliéres. Les Janséniftes avaient fait condamner à Rome un de ses livres sur les Cérémonies Chinoises. Il était mal personnellement avec le Cardinal de *Noailles*; & il ne savait rien ménager. Il remua toute l'Eglise de France. Il dressa en 1711. des Lettres & des Mandemens, que des Evêques devaient signer. Il leur envoyait des acusations contre le Cardinal de *Noailles*, au bas desquelles ils n'avaient plus qu'à mettre leur nom. De telles manœuvres dans des affaires profanes font punies : elles furent découvertes, & n'en réussirent pas moins. *

La conscience du Roi était allarmée par son Confesseur, autant que son autorité était blessée par l'idée d'un parti rebelle. En vain le Cardinal de *Noailles* lui demanda jus-

* Il est dit dans la vie du Duc d'Orléans imprimée en 1737. que le Cardinal de *Noailles* accusa le Pére *le Tellier* de vendre les Bénéfices, & que le Jésuite dit au Roi : *Je consens à être brulé vif, si on prouve cette accusation, pourvû que le Cardinal soit brulé vif aussi en cas qu'il ne la prouve pas.*
Ce conte est tiré des piéces qui coururent sur l'affaire de la Constitution : & ces piéces sont remplies d'autant d'absurdités que la vie du Duc d'Orléans. La plupart de ces écrits sont composés par des malheureux qui ne cherchent qu'à gagner de l'argent : ces gens là ne savent pas qu'un homme qui doit ménager sa considération auprès d'un Roi qu'il confesse, ne lui propose pas, pour se disculper, de faire bruler vif son Archevêque.
Tous les petits contes de cette espèce se retrouvent dans les Mémoires de *Maintenon*. Il faut soigneusement distinguer entre les faits & les oui dire.

rice de *ces miftéres d'iniquité.* Le Confeffeur perfuada qu'il s'était fervi des voies humaines, pour faire réuffir les chofes divines; & comme en effet il défendait l'autorité du Pape, & celle de l'unité de l'Eglife, tout le fonds de l'affaire lui était favorable. Le Cardinal s'adreffa au Dauphin Duc de Bourgogne; mais il le trouva prévenu par les lettres & par les amis de l'Archevêque de Cambrai. La faibleffe humaine entre dans tous les cœurs. *Fénélon* n'était pas encor affez Philofophe, pour oublier que le Cardinal de *Noailles* avait contribué à le faire condamner; & *Quénel* payait alors pour Madame *Guion*.

Le Cardinal n'obtint pas davantage du crédit de Madame *de Maintenon*. Cette feule affaire pourrait faire connaître le caractère de cette Dame, qui n'avait guères de fentimens à elle, & qui n'était occupée que de fe conformer à ceux du Roi. Trois lignes de fa main au Cardinal de *Noailles* dévelopent tout ce qu'il faut penfer & d'elle & de l'intrigue du Pére *le Tellier*, & des

idées du Roi & de la conjoncture.
» Vous me connaissez assez, pour
» savoir ce que je pense sur la dé-
» couverte nouvelle ; mais bien des
» raisons doivent me retenir de par-
» ler. Ce n'est point à moi à juger
» & à condamner ; je n'ai qu'à me
» taire & à prier pour l'Eglise, pour
» le Roi & pour vous. J'ai donné
» votre lettre au Roi : elle a été
» luë : c'est tout ce que je puis vous
» en dire, étant abbattuë de tristesse.

Le Cardinal Archevêque, opprimé par un Jesuite, ôta les pouvoirs de prêcher & de confesser à tous les Jésuites, excepté à quelques-uns des plus sages & des plus modérés. Sa place lui donnait le droit dangereux d'empêcher *le Tellier* de confesser le Roi. Mais il n'osa pas irriter à ce point son Souverain ; & il le laissa avec respect entre les mains de son ennemi. * Je crains, écrivit-il à Madame de *Maintenon*,
» de marquer au Roi trop de sou-

---

* Consultez les lettres de Mad. de *Maintenon*. On voit que ces lettres étaient connues de l'Auteur avant qu'on les eût imprimées, & qu'il n'a rien hazardé.

» miſſion en donnant les pouvoirs » à celui qui les mérite le moins. » Je prie Dieu de lui faire connaî- ,, tre le péril qu'il court, en confiant ,, ſon ame à un homme de ce carac- » tère. *

On voit dans pluſieurs mémoires, que le Pére *le Tellier* dit, qu'il fallait qu'il perdît ſa place ou le Cardinal la ſienne. Il eſt très vraiſemblable qu'il le penſa, & peu qu'il l'ait dit.

Quand les eſprits ſont aigris, les deux partis ne font plus que des démarches funeſtes. Des partiſans du

---

* Quand on a des lettres auſſi autentiques, on peut les citer : ce ſont les plus précieux matériaux de l'Hiſtoire. Mais quel fonds faire ſur une lettre qu'on ſuppoſe écrite au Roi par le Card. de *Noailles*.... *J'ai travaillé le premier à la ruine du Clergé pour ſauver votre Etat, & pour ſoutenir votre Trône... Il ne vous eſt pas permis de demander compte de ma conduite ?* Eſt-il vraiſemblable qu'un ſujet ſage & modéré ait écrit à ſon Souverain une lettre ſi inſolente & ſi outrée ? Ce n'eſt qu'une imputation mal adroite : elle ſe trouve pag. 141. Tome 5. des Mémoires de *Maintenon* : & comme elle n'a ni autenticité, ni vraiſemblance, on ne doit y ajouter aucune foi.

Pére

Père *le Tellier*, des Evêques qui espéraient le Chapeau, employèrent l'autorité Royale pour enflammer ces étincelles qu'on pouvait éteindre. Au lieu d'imiter Rome, qui avait plusieurs fois imposé silence aux deux partis; au lieu de réprimer un Religieux, & de conduire le Cardinal; au lieu de défendre ces combats comme les duëls, & de réduire tous les Prêtres, comme tous les Seigneurs, à être utiles sans être dangereux; au lieu d'accabler enfin les deux partis sous le poids de la puissance suprême, soutenuë par la raison & par tous les Magistrats: *Louis XIV*. crut bien faire de solliciter lui-même à Rome une déclaration de guerre, & de faire venir la fameuse Constitution, qui remplit le reste de sa vie d'amertume.

Le Père *le Tellier* & son parti envoyèrent à Rome cent-trois propositions à condamner. Le Saint Office en proscrivit cent & une. La Bulle fut donnée au mois de Septembre 1713. Elle vint, & souleva contre elle presque toute la

France. Le Roi l'avait demandée, pour prévenir un schisme ; & elle fut prête d'en causer un. La clameur fut générale, parce que parmi ces cent & une propositions il y en avait, qui paraissaient à tout le monde contenir le sens le plus innocent, & la plus pure Morale.

1714. Une nombreuse assemblée d'Evêques fut convoquée à Paris. Quarante acceptèrent la Bulle pour le bien de la paix; mais ils en donnèrent en même tems des explications, pour calmer les scrupules du public. L'acceptation pure & simple fut envoyée au Pape; & les modifications furent pour les Peuples. Ils prétendaient par-là satisfaire à la fois le Pontife, le Roi & la multitude. Mais le Cardinal de *Noailles*, & sept autres Evêques de l'assemblée qui se joignirent à lui, ne voulurent ni de la Bulle ni de ses correctifs. Ils écrivirent au Pape, pour demander ces correctifs même à Sa Sainteté. C'était un affront qu'ils lui faisaient respectueusement. Le Roi ne le souffrit pas ; il empêcha que la lettre ne parût, renvoya les Evêques dans leurs Diocèses, défendit au Cardinal de paraître à la Cour. La persécution donna à cet Archevêque une nouvelle considération dans le public. Sept autres Evêques se joignirent encor à lui. C'était une véritable division dans l'Episcopat, dans tout le Clergé, dans les Ordres Religieux. Tout le monde avouait, qu'il ne s'agissait pas des points fondamentaux de la Religion ; cependant il y avait une guerre civile dans les esprits, comme s'il eût été question du renversement du Christianisme ; & on fit agir des deux côtés tous les ressorts de la politique, comme dans l'affaire la plus profane.

Ces ressorts furent employés pour faire accepter la Constitution par la Sorbonne. La pluralité des suffrages ne fut pas pour elle ; & cependant elle y fut enregistrée. Le 1714. Ministére avait peine à suffire aux lettres de cachet, qui envoyaient en prison ou en exil les opposans.

Cette Bulle avait été enregistrée au Parlement, avec la réserve des droits ordinaires de la Couronne, des libertés de l'Eglife Gallicane, du pouvoir & de la jurifdiction des Evêques ; mais le cri public perçait toûjours à travers l'obéiffance. Le Cardinal de *Biffi*, l'un des plus ardens défenfeurs de la Bulle, avoua dans une de fes lettres, qu'elle n'aurait pas été reçuë avec plus d'indignité à Genéve qu'à Paris.

Les efprits étaient furtout révoltés contre le Jéfuite *le Tellier*. Rien ne nous irrite plus, qu'un Religieux devenu puiffant. Son pouvoir nous paraît une violation de fes vœux ; mais s'il abufe de ce pouvoir, il eft en horreur. *Le Tellier* ofa préfumer de fon crédit jufqu'à propofer de faire dépofer le Cardinal de *Noailles*, dans un Concile national. Ainfi un Religieux faifait fervir à fa vengeance fon Roi, fon Pénitent & fa Religion ; & avec tout cela, j'ai de très fortes raifons de croire, qu'il était dans la bonne foi : tant les hommes s'aveuglent dans leurs fentimens & dans leur zéle.

Pour préparer ce Concile, dans lequel il s'agiffait de dépofer un homme devenu l'idole de Paris & de la France, par la pureté de ses mœurs, par la douceur de son caractère, & plus encor par la persécution; on détermina *Louis XIV.* à faire enregistrer au Parlement une Déclaration, par laquelle tout Evêque, qui n'aurait pas reçu la Bulle *purement & simplement*, serait tenu d'y souscrire, ou qu'il serait poursuivi à la requête du Procureur-général, comme rebelle. Le Chancelier *Voisin*, Secrétaire d'Etat de la guerre, dur & despotique, avait dressé cet Edit. Le Procureur-général *d'Aguesseau*, plus versé que le Chancelier *Voisin* dans les loix du Royaume, & ayant alors ce courage d'esprit que donne la jeunesse, refusa absolument de se charger d'une telle piéce. Le Premier Président *de Mesme* en remontra au Roi les conséquences. On traîna l'affaire en longueur. Le Roi était mourant. Ces malheureuses disputes troublèrent & avancèrent ses derniers momens. Son impitoyable Confesseur fatiguait sa faiblesse par des exhortations continuelles à consommer un ouvrage qui ne devait pas faire chérir sa mémoire. Les domestiques du Roi indignés lui refusèrent deux fois l'entrée de la chambre; & enfin ils le conjurèrent de ne point parler au Roi de Constitution. Ce Prince mourut; & tout changea.

Le Duc d'Orléans Régent du Royaume, ayant renversé d'abord toute la forme du Gouvernement de *Louis XIV*. & ayant substitué des Conseils aux Bureaux des Secrétaires d'Etat, composa un Conseil de Conscience, dont le Cardinal de *Noailles* fut le Président. On exila le Pére *le Tellier*, chargé de la haine publique & peu aimé de ses confréres.

Les Evêques opposés à la Bulle appellèrent à un futur Concile, dût-il ne se tenir jamais. La Sorbonne, les Curés du Diocèse de Paris, des Corps entiers de Religieux, firent le même appel; & enfin le Cardinal de *Noailles* fit le sien en 1717. mais il ne voulut pas d'abord le rendre public. On l'imprima malgré lui. L'Eglise de France resta divisée en deux factions, les *acceptans* & les *re-*

fusans. Les acceptans étaient les cent Evêques qui avaient adhéré sous *Louis XIV*. avec les Jésuites & les Capucins. Les refusans étaient quinze Evêques & toute la Nation. Les acceptans se prévalaient de Rome ; les autres, des Universités, des Parlemens & du Peuple. On imprimait volume sur volume, lettres sur lettres. On se traitait réciproquement de schismatique & d'hérétique.

Un Archevêque de Rheims du nom de *Mailly*, grand & heureux partisan de Rome, avait mis son nom au bas de deux écrits que le Parlement fit brûler par le bourreau. L'Archevêque l'ayant sû, fit chanter un *Te Deum*, pour remercier DIEU d'avoir été outragé par des schismatiques. DIEU le récompensa ; il fut Cardinal. Un Evêque de Soissons ayant essuyé le même traitement du Parlement, & ayant signifié à ce Corps que *ce n'était pas à lui à le juger, même pour un crime de Léze Majesté*, il fut condamné à dix-mille livres d'amende. Mais le Régent ne voulut pas qu'il les payât, de peur, dit-il, qu'il ne devînt Cardinal aussi.

Rome éclatait en reproches : on se confumait en négociations ; on appellait, on réappellait ; & tout cela pour quelques paffages aujourd'hui oubliés du livre d'un Prêtre octogénaire, qui vivait d'aumônes à Amfterdam.

La folie du fyftême des finances contribua, plus qu'on ne croit, à rendre la paix à l'Eglife Le public fe jetta avec tant de fureur dans le commerce des Actions ; la cupidité des hommes, excitée par cette amorce, fut fi générale, que ceux qui parlèrent encor de Janfénifme & de Bulle, ne trouvèrent perfonne qui les écoutât. Paris n'y penfait pas plus qu'à la guerre, qui fe faifait fur les frontiéres d'Efpagne. Les fortunes rapides & incroyables qu'on faifait alors, le luxe & la volupté portés au dernier excès, impofèrent filence aux difputes eccléfiaftiques ; & le plaifir fit ce que *Louis XIV*. n'avait pu faire.

Le Duc d'Orléans faifit ces conjonctures, pour réunir l'Eglife de France. Sa politique y était intéreffée. Il craignait des tems, où il

Du Janſeniſme.

aurait eu contre lui Rome, l'Eſpagne & cent Evêques.

Il fallait engager le Cardinal de *Noailles*, non ſeulement à recevoir cette Conſtitution qu'il regardait comme ſcandaleuſe, mais à rétracter ſon appel qu'il regardait comme légitime. Il fallait obtenir de lui plus que *Louis XIV.* ſon bienfaiteur ne lui avait en vain demandé. Le Duc d'Orléans devait trouver les plus grandes oppoſitions dans le Parlement, qu'il avait exilé à Pontoiſe; cependant il vint à bout de tout. On compoſa *un Corps de Doctrine*, qui contenta preſque les deux partis. On tira parole du Cardinal, qu'enfin il accepterait. Le Duc d'Orléans alla lui-même au Grand-Conſeil, avec les Princes & les Pairs, faire enregiſtrer un Edit, qui ordonnait l'acceptation de la Bulle, la ſuppreſſion des appels, l'unanimité & la paix. Le Parlement, qu'on avait mortifié en portant au Grand Conſeil des Déclarations qu'il était en poſſeſſion de recevoir, menacé d'ailleurs d'être transféré de Pontoiſe à Blois, enregiſtra ce que le Grand Conſeil avait

C v

enregistré; mais toûjours avec les réserves d'usage, c'est-à-dire, le maintien des libertés de l'Eglise Gallicane & des Loix du Royaume.

Le Cardinal Archevêque, qui avait promis de se retracter quand le Parlement obéirait, se vit enfin obligé de tenir parole; & on afficha son Mandement de retractation le 20 Août 1720.

Le nouvel Archevêque de Cambrai *du-Bois*, fils d'un Apoticaire de Brive la gaillarde, depuis Cardinal & premier Ministre, fut celui qui eut le plus de part à cette affaire, dans laquelle la puissance de *Louis XIV.* avait échoué. Personne n'ignore quelle était la conduite, la manière de penser, les mœurs de ce Ministre. Le licencieux *du-Bois* subjugea le pieux *Noailles*. On se souvient, avec quel mépris le Duc d'Orléans & son Ministre parlaient des querelles qu'ils appaisèrent; quel ridicule ils jettèrent sur cette guerre de controverse. Ce mépris & ce ridicule ne servirent pas peu à la paix. On se lasse enfin de combattre, pour des querelles dont le monde rit.

Depuis ce temps, tout ce qu'on appellait en France Janfénifme, Quiétifme, Bulles, querelles théologiques, baiffa fenfiblement. Quelques Evêques appellans réftèrent opiniâtrément attachés à leurs fentimens.

Sous le Miniftère du Cardinal de *Fleuri*, on voulut extirper les reftes du parti, en dépofant un des Prélats des plus obftinés. On choifit, pour faire un exemple, le vieux *Soanin* Evêque de la petite ville de Sénès, homme également pieux & inflexible, d'ailleurs fans parens, fans crédit.

Il fut condamné par le Concile Provincial d'Embrun en 1728. fufpendu de fes fonctions d'Evêque & de Prêtre, & exilé par la Cour en Auvergne à l'âge de plus de quatre-vingt ans. Cette rigueur excita quelques vaines plaintes. Il n'y a point aujourdhui de Nation, qui murmure plus que la Françaife, qui obéiffe mieux, & qui oublie plus vîte.

Un refte de fanatifme fubfifta dans

une petite partie du peuple de Paris. Des enthousiastes s'imaginèrent, qu'un Diacre nommé *Páris*, frére d'un Conseiller au Parlement, appellant & réappellant, enterré dans le cimetiére de *St. Médard*, devait faire des miracles. Quelques personnes du parti, qui allèrent prier sur son tombeau, eurent l'imagination si frappée, que leurs organes ébranlés leur donnèrent de légéres convulsions. Aussitôt la tombe fut environnée de peuple : la foule s'y pressait jour & nuit. Ceux qui montaient sur la tombe donnaient à leurs corps des secousses, qu'ils prenaient eux-mêmes pour des prodiges. Les fauteurs secrets du parti encourageaient cette frénésie. On priait en langue vulgaire autour du tombeau : on ne parlait que de sourds qui avaient entendu quelques paroles, d'aveugles qui avoient entrevu, d'estropiés qui avaient marché droit quelques momens. Ces prodiges étaient même juridiquement attestés par une foule de témoins qui les avaient presque vus parce qu'ils étaient venus dans l'espérance de les voir. Le Gouvernement abandonna pendant un mois cette maladie épidémique à elle-même. Mais le concours augmentait ; les Miracles redoublaient ; & il falut enfin fermer le cimetiére, & y mettre une garde. Alors les mêmes enthousiastes allèrent faire leurs Miracles dans les maisons. Ce tombeau du Diacre *Paris* fut en effet le tombeau du Jansénisme, dans l'esprit de tous les honnêtes-gens. Ces farces auraient eu des suites sérieuses dans des tems moins éclairés. Il semblait que ceux qui les protégeaient, ignorassent à quel siécle ils avaient à faire.

La superstition alla si loin, qu'un Conseiller du Parlement eut la démence de présenter au Roi en 1736. un recueil de tous ces prodiges, munis d'un nombre considérable d'attestations. Cet homme insensé, organe & victime d'insensés, dit dans son Mémoire au Roi, qu'il *faut croire aux témoins qui se font égorger pour soutenir leurs témoignages.* Si son livre subsistait un jour, & que les autres fussent perdus, la postérité croirait que notre siécle a été un tems de barbarie.

Ces extravagances ont été en France les derniers soupirs d'une Secte, qui n'étant plus soûtenuë par des *Arnauld*, des *Pascal* & des *Nicole*, & n'ayant plus que des convulsionnaires, est tombée dans l'avilissement; on n'entendrait plus parler de ces querelles qui déshonorent la raison & qui font tort à la Religion, s'il ne se trouvait de tems en tems quelques esprits remuants qui cherchent dans ces cendres éteintes quelques restes de feu dont ils essayent de faire un incendie. Si jamais ils y réussissent, la dispute du Molinisme & du Jansénisme ne sera plus l'objet des troubles. Ce qui est devenu ridicule ne peut plus être dangereux. La querelle changera de nature. Les hommes ne manquent pas de prétextes pour se nuire, quand ils n'en ont plus de cause.

Les Jésuites semblèrent entraînés dans la chute du Jansénisme; leurs armes émoussées n'avaient plus d'ad-

Du Jansenisme.

verfaires à combattre. S'ils perdirent à la Cour le crédit dont *Le Tellier* avait abufé, leur Journal de Trévoux ne leur concilia ni l'eftime, ni l'amitié des gens de Lettres. Les Evêques fur lefquels ils avaient dominé, les confondirent avec les autres Religieux; & ceux-ci ayant été abaiffés par eux, les rabaiffèrent à leur tour. Les Parlements leur firent fentir plus d'une fois, ce qu'ils penfaient d'eux, en condamnant quelques-uns de leurs écrits qu'on aurait pu oublier. L'Univerfité, qui commençait alors à faire de bonnes études dans la Littérature, & à donner une excellente éducation, leur enleva une grande partie de la jeuneffe; & ils attendirent pour reprendre leur afcendant, que le tems leur fournît des hommes de génie, & des conjonctures favorables.

Il ferait très utile à ceux qui font entêtés de toutes ces difputes, de jetter les yeux fur l'hiftoire générale du Monde; car en obfervant tant de Nations, tant de mœurs, tant de Religions différentes, on voit le peu de figure que font sur la Terre un Moliniste & un Janséniste. On rougit alors de sa frénésie pour un parti qui se perd dans la foule, & dans l'immensité des choses.

CHAPITRE CCIX.
DU QUIETISME.

AU millieu des factions du Calvinisme & des querelles du Janténisme, il y eut encor une division en France sur le Quiétisme. C'était une suite malheureuse des progrès de l'esprit humain dans le siécle de *Louis XIV.* que l'on s'efforçât de passer presque en tout les bornes prescrites à nos connaissances ; ou plutôt, c'était une preuve qu'on n'avait pas fait encor assez de progrès.

La dispute du Quiétisme est une de ces intempérances d'esprit & de ces subtilités théologiques, qui n'auraient laissé aucune trace dans la mémoire des hommes, sans les noms des deux illustres rivaux qui combattirent. Une femme, sans crédit, sans véritable esprit, & qui n'avait qu'une imagination échauffée, mit aux mains les deux plus grands hommes qui fussent alors dans l'Eglise. Son nom était *Louviéres de la Motte*. Sa famille était orignaire de Montargis. Elle avait épousé le fils de *Guion* entrepreneur du canal de Briare. Devenuë veuve dans une assez grande jeunesse, avec du bien, de la beauté, & un esprit fait pour le monde, elle s'entêta de ce qu'on apelle *la spiritualité*. Un Barnabite du pays de Genéve, nommé *La-Combe*, fut son Directeur. Cet homme, connu par un mélange assez ordinaire de passions & de Religion, & qui est mort fou, plongea l'esprit de sa pénitente dans les rêveries mystiques, dont elle était déja atteinte. L'envie d'être une *Ste. Thérèse* en France, ne lui permit pas de voir combien le génie Français est opposé au génie Espagnol, & la fit aller beaucoup plus loin que *Ste. Thérèse*. L'ambition d'avoir des disciples, la plus forte peut-être de toutes les ambitions, s'empara toute entiére de son cœur.

Elle alla avec son Directeur dans le petit pays où l'Evêque titulaire de Genéve fait sa résidence. Elle s'y donna de l'autorité par sa profusion en aumônes. Elle tint des conférences. Elle prêchait le renoncement entier à soi-même, le silence de l'ame, l'anéantissement de toutes ses puissances, le culte intérieur, l'amour pur & désintéressé, qui n'est point avili par la crainte ni animé de l'espoir des récompenses.

Les imaginations tendres & flexibles, surtout celles des femmes & de quelques jeunes Religieux, qui aimaient plus qu'ils ne croyaient la parole de DIEU dans la bouche d'une belle femme, furent aisément touchées de cette éloquence de paroles, la seule propre à persuader tout à des esprits préparés. Elle fit des prosélites, & fut chassée par l'Evêque, elle & son directeur. Ils s'en allèrent à Grenoble. Elle y répandit un petit livre intitulé *le Moyen court*, & un autre sous le nom des *Torrens*, écrits du stile dont elle parlait; & fut encor obligée de sortir de Grenoble.

Se flattant déja d'être au rang des Confesseurs, elle eut une vision, &

elle prophétifa ; elle envoya fa prophétie au Pére a-Combe. *Tout l'Enfer fe bandera*, dit-elle, *pour empêcher le progrès de l'intérieur & la formation de* JESUS-CHRIST *dans les ames. La tempête fera telle, qu'il ne reſtera pas pierre fur pierre ; & il me femble, que dans toute la Terre il y aura trouble, guerre & renverfement. La femme fera enceinte de l'efprit intérieur, & le dragon fe tiendra debout devant elle.*

La prophétie fe trouva vraie en partie : l'Enfer ne fe banda point : mais étant revenue à Paris conduite par fon Directeur, & l'un & l'autre ayant dogmatifé en 1687. l'Archevêque *de Harlai de Chanvallon* obtint un ordre du Roi, pour faire enfermer *La-Combe* comme un féducteur, & pour mettre dans un Couvent Madame *Guion* comme un efprit aliéné qu'il fallait guérir. Mais Madame *Guion*, avant ce coup, s'était fait des protections qui la fervirent. Elle avait dans la maifon de *Saint Cyr* encor naiffante, une coufine nommée Madame *de la Maifon-Fort*, favorite de Madame de *Maintenon*. Elle s'était insinuée dans l'esprit des Duchesses de *Chevreuse* & de *eauvilliers*. Toutes ses amies se plaignirent hautement, que l'Archevêque de *Harlai*, connu pour aimer trop les femmes, persécutât une femme qui ne parlait que de l'amour de Dieu.

La protection toute-puissante de Madame de *Maintenon* imposa silence à l'Archevêque de Paris, & rendit la liberté à Madame *Guion*. Elle alla à Versailles, s'introduisit dans St. Cyr, assista à des conférences dévotes que faisait l'Abbé de *Fénelon*, après avoir dîné en tiers avec Madame de *Maintenon*. La Princesse d'*Harcourt*, les Duchesses de *Chevreuse*, de *Beauvilliers* & de *Chârôt* étaient de ces mystères.

L'Abbé de *Fénelon*, alors Précepteur des Enfans de France, était l'homme de la Cour le plus séduisant. Né avec un cœur tendre & une imagination douce & brillante, son esprit était nourri de la fleur des Belles Lettres. Plein de goût & de graces, il préférait dans la Théologie tout ce qui a l'air touchant & sublime, à ce qu'elle a de sombre & d'épineux. Avec tout cela, il avait je ne sai quoi de romanesque, qui lui inspira, non pas les rêveries de Madame *Guion*, mais un goût de spiritualité, qui ne s'éloignait pas des idées de cette Dame.

Son imagination s'échauffait par la candeur & par la vertu, comme les autres s'enflamment par leurs passions. Sa passion était d'aimer DIEU pour lui-même. Il ne vit dans Madame *Guion*, qu'une ame pure éprise du même goût que lui, & se lia sans scrupule avec elle.

Il était étrange qu'il fût séduit par une femme à révélations, à prophéties & à galimatias, qui suffoquait de la grace intérieure, qu'on était obligé de délacer, & qui se vuidait (à ce qu'elle disait) de la surabondance de grace, pour en faire enfler le corps de l'élu qui était assis auprès d'elle. Mais *Fénelon*, dans l'amitié & dans ses idées mystiques, était ce qu'on est en amour : il excusait les défauts, & ne s'attachait qu'à la conformité du fond des sentimens qui l'avaient charmé.

Madame *Guion*, assurée & fiére d'un tel disciple qu'elle appellait son fils, & comptant même sur Madame de *Maintenon*, répandait dans St. Cyr toutes ses idées. L'Evêque de Chartres *Godet*, dans le Diocèse duquel est St. Cyr, s'en allarma & s'en plaignit. L'Archevêque de Paris menaça encor de recommencer ses premieres poursuites.

Madame de *Maintenon*, qui ne pensait qu'à faire de St. Cyr un séjour de paix, qui savait combien le Roi était ennemi de toute nouveauté, qui n'avait pas besoin pour se donner de la considération de se mettre à la tête d'une espèce de secte, & qui enfin n'avait en vuë que son crédit & son repos, rompit tout commerce avec Madame *Guion*, & lui défendit le séjour de St. Cyr.

L'Abbé de *Fénelon* voyait un orage se former, & craignit de manquer les grands postes où il aspirait. Il conseilla à son amie de se mettre elle-même dans les mains du célèbre *Boſſuet* Evêque de Meaux, regardé comme un Pere de l'Eglife. Elle fe foûmit aux décifions de ce Prélat, communia de fa main, & lui donna tous fes écrits à examiner.

L'Evêque de Meaux, avec l'agrément du Roi, s'affocia pour cet examen l'Evêque de Châlons, qui fut depuis le Cardinal de *Noailles*, & l'Abbé *Tronſon* Supérieur de Saint Sulpice. Ils s'affemblerent fecrettement au village d'Iffi, près de Paris. L'Archevêque de Paris *Chanvallon*, jaloux que d'autres que lui fe portaffent pour Juges dans fon Diocèfe, fit afficher une cenfure publique des livres qu'on examinait. Madame *Guion* fe retira dans la ville de Meaux même ; elle foufcrivit à tout ce que l'Evêque *Boſſuet* voulut, & promit de ne plus dogmatifer.

Cependant *Fénelon* fut élevé à l'Archevêché de Cambrai en 1695. & facré par l'Evêque de Meaux. Il femblait qu'une affaire affoupie, dans laquelle il n'y avait eu jufques-là que du ridicule, ne devait jamais

jamais se reveiller. Mais Madame *Guion*, accusée de dogmatiser toûjours après avoir promis le silence, fut enlevée par ordre du Roi dans la même année 1695. & mise en prison à Vincennes, comme si elle eût été une personne dangereuse dans l'Etat. Elle ne pouvait l'être; & ses pieuses rêveries ne méritaient pas l'attention du Souverain. Elle composa à Vincennes un gros volume de vers mystiques, plus mauvais encor que sa prose; elle parodiait les vers des opéra. Elle chantait souvent :

L'amour pur & parfait va plus loin qu'on
   ne pense :
On ne sçait pas, lorsqu'il commence,
Tout ce qu'il doit coûter un jour.
Mon cœur n'aurait connu Vincennes ni souf-
   france,
S'il n'eût connu le pur amour.

Les opinions des hommes dépendent des tems, des lieux & des circonstances. Tandis qu'on tenait en prison Madame *Guion*, qui avait épousé JESUS-CHRIST dans une de ses extases, & qui depuis ce tems-là ne priait plus les Saints, disant que la maîtresse de la maison ne devait pas s'adresser aux domestiques; dans ce tems-là, dis-je, on sollicitait à Rome la canonisation de *Marie d'Agreda*, qui avait eu plus de visions & de révélations que tous les mystiques ensemble: & pour mettre le comble aux contradictions dont ce monde est plein, on poursuivait en Sorbonne cette même *d'Agreda*, qu'on voulait faire Sainte en Espagne. L'Université de Salamanque condamnait la Sorbonne, & en était condamnée.

Bossuet qui s'était long-tems regardé comme le pére & le maître de *Fénelon*, devenu jaloux de la réputation & du crédit de son disciple, & voulant toujours conserver cet ascendant qu'il avait pris sur tous ses confrères, exigea que le nouvel Archevêque de Cambrai condamnât Madame *Guion* avec lui, & souscrivît à ses instructions pastorales. *Fénelon* ne voulut lui sacrifier ni ses sentimens ni son amie.

On proposa des tempéramens : on donna des promesses : on se plaignit de part & d'autre, qu'on avait manqué de foi. L'Archevêque de Cambrai, en partant pour son Diocèse, fit imprimer à Paris son livre *des Maximes des Saints*; ouvrage dans lequel il crut rectifier tout ce qu'on reprochait à son amie, & déveloper les idées ortodoxes des pieux contemplatifs, qui s'élévent au-dessus des sens, & qui tendent à un état de perfection, où les ames ordinaires n'aspirent guères. Monsieur de Meaux & ses amis se soûleverent contre le livre. On le dénonça au Roi, comme s'il eût été aussi dangereux qu'il était peu intelligible. Le Roi en parla à *Bossuet*, dont il respectait la réputation & les lumiéres. Celui-ci se jettant aux genoux de son Prince, lui demanda pardon de ne l'avoir pas averti plutôt de la fatale hérésie de Monsieur de Cambrai. Aussi-tôt le Roi & Madame de *Maintenon* consultent le Pere de *la Haise*; le Confesseur répond, que le livre de l'Archevêque est fort bon, que tous les Jésuites en sont édifiés, & qu'il n'y avait que les Jansénistes qui le désaprouvaient. L'Evêque de Meaux n'était pas Janséniste ; mais il s'était nourri de leurs bons écrits. Les Jésuites ne l'aimaient pas, & n'en étaient pas aimés.

La Cour & la Ville furent divisées ; & toute l'attention tournée de ce côté laissa respirer les Jansénistes.

Bossuet écrivit contre *Fénelon*. Tous deux envoyèrent leurs ouvrages au Pape *Innocent XII.* & s'en remirent à sa décision. Les circonstances ne paraissaient pas favorables à *Fénelon* : on avait depuis peu condamné violemment à Rome, dans la personne de l'Espagnol *Molinos*, le Quiétisme dont on accusait l'Archevêque de Cambrai. C'était le Cardinal *d'Etrées*, Ambassadeur de France à Rome, qui avait poursuivi *Molinos*. Ce Cardinal *d'Etrées*, que nous avons vû dans sa vieillesse plus occupé des agrémens de la société que de Théologie, avait persécuté *Molinos*, pour plaire aux ennemis de ce malheureux

Prêtre. Il avait même engagé le Roi à folliciter à Rome la condamnation, qu'il obtint aifément. De forte que *Louis XIV.* fe trouvait, fans le favoir, l'ennemi le plus redoutable de l'amour pur des myftiques.

Rien n'eft plus aifé, dans ces matiéres délicates, que de trouver dans un livre qu'on juge, des paffages reffemblans à ceux d'un livre déja profcrit. Monfieur de Cambrai avait pour lui les Jéfuites, & le Cardinal de *Bouillon* depuis peu Ambaffadeur de France à Rome. Monfieur de Meaux avait fon grand nom & l'adhéfion des principaux Prélats de France. Il porta au Roi les fignatures de plufieurs Evêques & d'un grand nombre de Docteurs, qui tous s'élevaient contre le livre *des Maximes des Saints.*

Telle était l'autorité de Monfieur de Meaux, que le Pére de *la Chaife* n'ofa foûtenir Monfieur de Cambrai auprès du Roi fon pénitent, & que Madame de *Maintenon* abandonna abfolument fon ami. Le Roi écrivit au Pape *Innocent XII.* qu'on lui avait déféré le livre de l'Archevêque de Cambrai comme un ouvrage pernicieux, qu'il l'avait fait remettre aux mains du Nonce, & qu'il pressait Sa Sainteté de juger.

On prétendait, & on disait même publiquement à Rome, & c'est un bruit qui a encor des partisans, que l'Archevêque de Cambrai n'était ainsi persécuté, que parce qu'il s'était opposé à la déclaration du mariage secret du Roi & de Madame de *Maintenon*. Les inventeurs d'anecdotes prétendaient, que cette Dame avait engagé le Pére de *la Chaise* à presser le Roi de la reconnaître pour Reine; que le Jésuite avait adroitement remis cette commission hazardeuse à l'Abbé de *Fénelon*, & que ce Précepteur des Enfans de France avait préféré l'honneur de la France & de ses disciples à sa fortune; qu'il s'était jetté aux pieds de *Louis XIV*. pour prévenir un mariage, dont la bizarrerie lui ferait plus de tort dans la postérité, qu'il n'en recueillerait de douceurs pendant sa vie.

Ce conte se retrouve encor dans l'histoire de *Louis XIV*. imprimée à

Avignon. Ceux qui ont approché de ce Monarque & de Madame de *Maintenon*, favent à quel point tout cela eſt éloigné de la vérité. Mais il eſt très vrai, que *Fénelon* ayant continué l'éducation du Duc de Bourgogne depuis ſa nomination à l'Archevêché de Cambrai, le Roi dans cet intervalle avait entendu parler confuſément de ſes liaiſons avec Madame *Guion* & avec Madame de *la Maiſon-Fort:* il crut d'ailleurs qu'il inſpirait au Duc de Bourgogne des maximes un peu auſtères, & des principes de Gouvernement & de Morale qui pouvaient peut-être devenir un jour une cenſure indirecte de cet air de grandeur, de cette avidité de gloire, de ces guerres légérement entrepriſes, de ce goût pour les fêtes & pour les plaiſirs, qui avaient caractériſé ſon régne.

Il voulut avoir une converſation avec le nouvel Archevêque ſur ſes principes de politique. *Fénelon*, plein de ſes idées, laiſſa entrevoir au Roi une partie des maximes, qu'il dévelopa enſuite dans les endroits du *Télémaque* où il traite du

Gouvernement; maximes plus approchantes de la République de *Platon*, que de la manière dont il faut gouverner les hommes. Le Roi après la conversation dit, qu'il avait entretenu le plus bel esprit & le plus chimérique de son Royaume. Le Duc de Bourgogne fut instruit de ces paroles du Roi. Il les redit quelque tems après à Monsieur de *Maléfieux*, qui lui enseignait la Géométrie. C'est ce que je tiens de Monsieur de *Maléfieux*, & ce que le Cardinal *de Fleuri* m'a confirmé.

Il est certain, que depuis cette conversation le Roi crut aisément, que *Fénelon* était aussi romanesque en fait de Religion qu'en politique.

La Congrégation du Saint-Office nomma, pour instruire le procès, un Dominicain, un Jésuite, un Bénédictin, deux Cordeliers, un Feuillant & un Augustin. C'est ce qu'on appelle à Rome les Consulteurs. Les Cardinaux & les Prélats laissent d'ordinaire à ces Moines l'étude de la Théologie, pour se livrer à la politique, à l'intrigue, ou aux douceurs de l'oisiveté.

Les Consulteurs examinèrent pendant trente-sept conférences trente-sept propositions, les jugèrent erronées à la pluralité des voix ; & le Pape, à la tête d'une Congrégation de Cardinaux, les condamna par un Bref, qui fut publié & affiché dans Rome le 13. Mars 1699.

L'Evêque de Meaux triompha ; mais l'Archevêque de Cambrai tira un plus beau triomphe de sa défaite. Il se soûmit sans restriction & sans réserve. Il monta lui-même en Chaire à Cambrai, pour condamner son propre livre. Il empêcha ses amis de le défendre. Cet exemple unique de la docilité d'un savant qui pouvait se faire un grand parti par la persécution même, cette candeur & cette simplicité, lui gagnèrent tous les cœurs, & firent presque haïr celui qui avait remporté la victoire. Il vécut toûjours depuis dans son Diocèse en digne Archevêque, en homme de lettres. La douceur de ses mœurs, répanduë dans sa conversation comme dans ses écrits, lui fit des amis tendres de tous ceux qui le virent. La persécution & son *Télémaque* lui attirèrent la vénération de l'Europe. Les Anglais surtout, qui firent la guerre dans son Diocèse, s'empressaient à lui témoigner leur respect. Le Duc de *Marlborowg* prenait soin qu'on épargnât ses terres. Il fut toûjours cher au Duc de Bourgogne qu'il avait élevé; & il aurait eu part au Gouvernement, si ce Prince eût vécu.

Dans sa retraite philosophique & honorable, on voyait combien il est difficile de se détacher de la Cour. Il en parlait toûjours avec un goût & un intérêt, qui perçait au travers de sa résignation. Plusieurs écrits de Philosophie, de Théologie, de Belles-Lettres, furent le fruit de cette retraite. Le Duc d'Orléans, depuis Régent du Royaume, le consulta sur des point épineux, qui intéressent tous les hommes, & auxquels peu d'hommes pensent. Il demandait, si on peut démontrer l'existence d'un Dieu; si ce Dieu veut un culte; quel est le culte qu'il approuve; si l'on peut l'offenser en choisissant mal. Il faisait beaucoup de questions de cette nature, en Philosophe qui cherchait à s'instruire; & l'Archevêque répondait en Philosophe & en Théologien.

Après avoir été vaincu sur des disputes de l'école, il eût été peut-être plus convenable qu'il ne se mêlât point des querelles du Jansénisme ; cependant il y entra. Le Cardinal de *Noailles* avait pris contre lui autrefois le parti du plus fort : l'Archevêque de Cambrai en usa de même. Il espéra qu'il reviendrait à la Cour, & qu'il y serait consulté ; tant l'esprit humain a de peine à se détacher des affaires, quand une fois elles ont servi d'aliment à son inquiétude. Ses désirs cependant étaient modérés comme ses écrits ; & même sur la fin de sa vie il méprisa enfin toutes les disputes ; semblable en cela seul à l'Evêque d'Avranches *Huet*, l'un de plus savans hommes de l'Europe, qui sur la fin de ses jours reconnut la vanité de la plupart des Sciences,

76 *Louis XIV.*
& celle de l'esprit humain. L'Archevêque de Cambrai (qui le croirait?) parodia ainsi un air de *Lulli*:

Jeane, j'étais trop sage,
Et voulais trop savoir;
Je ne veux en partage
Que badinage,
Et touche au dernier âge,
Sans rien prévoir.

Il fit ces vers en présence de son neveu le Marquis de *Fénelon*, depuis Ambassadeur à la Haie. C'est de lui que je les tiens. Je garantis la certitude de ce fait. Il serait peu important par lui-même, s'il ne prouvait à quel point nous voyons souvent avec des regards différens, dans la vieillesse, ce qui nous a paru si grand & si intéressant dans l'âge où l'esprit plus actif est le jouët de ses désirs & de ses illusions.*

* Ces vers se trouvent dans les Poësies de Madame *Guion*: mais le neveu de Mr. l'Archevêque de Cambrai, m'ayant assuré plus

d'une fois qu'ils étaient de son oncle, & qu'il les lui avait entendu réciter le jour même qu'il les avait faits, on a dû restituer ces vers à son véritable Auteur.

CHAPITRE CCX.

DISPUTES
SUR LES CEREMONIES
CHINOISES.

CE n'était pas assez pour l'inquiétude de notre esprit, que nous disputassions au bout de dix-sept-cent ans sur des points de notre Religion ; il falut encor que celle des Chinois entrât dans nos querelles. Cette dispute ne produisit pas de grands mouvemens ; mais elle caractérisa, plus qu'aucune autre, cet esprit actif, contentieux & querelleur qui régne dans nos climats.

Le Jésuite *Matthieu Ricci*, sur la fin du dix-septiéme siécle, avait été un des premiers Missionnaires de la Chine. Les Chinois étaient & sont encor, en Philosophie & en Littérature, à-peu-près ce que nous étions il y a deux-cent ans. Le respect pour leurs anciens Maîtres leur prescrit des bornes qu'ils n'osent passer. Le progrès dans les Sciences est l'ouvrage du tems & de la hardiesse de l'esprit. Mais la Morale & la Police étant plus aisées à comprendre que les Sciences, & s'étant perfectionnées chez eux quand les autres Arts ne l'étaient pas encor; il est arrivé que les Chinois, demeurés depuis plus de deux-mille ans à tous les termes où ils étaient parvenus, sont restés médiocres dans les Sciences, & le premier Peuple de la Terre dans la Morale & dans la Police, comme le plus ancien.

Après *Ricci*, beaucoup d'autres Jésuites pénétrèrent dans ce vaste Empire; & à la faveur des Sciences de l'Europe, ils parvinrent à jetter secrettement quelques semences de la Religion Chrétienne, parmi les enfans du peuple, qu'ils instruisirent comme ils purent. Des Dominicains, qui partageaient la Mission, accusèrent les Jésuites de permettre l'idolâtrie en prêchant le Christianisme. La question était délicate, ainsi que la conduite qu'il fallait tenir à la Chine.

Les Loix & la tranquillité de ce grand Empire sont fondées sur le droit le plus naturel ensemble & le plus sacré, le respect des enfans pour les péres. A ce respect ils joignent celui qu'ils doivent à leurs premiers Maîtres de Morale, & surtout à *Con-fut-zée*, nommé par nous *Confucius*, ancien Sage, qui cinq-cent ans avant la fondation du Christianisme, leur enseigna la vertu.

Les familles s'assemblent en particulier à certains jours, pour honorer leurs ancêtres; les Lettrés en public, pour honorer *Con-fut-zée*. On se prosterne, suivant leur manière de saluer les supérieurs, ce qui dans toute l'Asie s'appellait autrefois *adorer*. On brûle des bougies & des pastilles. Des Colao, que les Espagnols ont nommé Mandarins, égorgent deux fois l'an, autour de la salle où l'on vénère *Con-fut-zée*, des animaux dont on fait ensuite des repas. Ces cérémonies sont-elles idolâtriques? sont-elles purement civiles? reconnaît-on ses péres & *Con-fut-zée* pour des Dieux? sont-ils même invoqués seulement comme nos Saints ? est-ce enfin un usage politique, dont quelques Chinois superstitieux abusent ? C'est ce que des étrangers ne pouvaient que difficilement démêler à la Chine, & ce qu'on ne pouvait décider en Europe.

Les Dominicians déférèrent les usages de la Chine à l'Inquisition de Rome en 1645. Le Saint-Office, sur leur exposé, défendit ces cérémonies Chinoises, jusqu'à ce que le Pape en décidât.

Les Jésuites soûtinrent la cause des Chinois & de leurs pratiques, qu'il semblait qu'on ne pouvait proscrire, sans fermer toute entrée à la Religion Chrêtienne, dans un Empire si jaloux de ses usages. Ils représentèrent leurs raisons. L'Inquisition en 1656. permit aux Lettrés de révérer *Con-fut-zée*, & aux enfans Chinois d'honorer leurs péres, en protestant contre la superstition, s'il y en avait.

L'affaire étant indécise, & les Missionaires toûjours divisés, le procès fut sollicité à Rome de tems en tems ; & cependant les Jésuites qui étaient à Pékin, se rendirent si agréables à l'Empereur *Camhi* en qualité de Mathématiciens, que ce Prince, célèbre par sa bonté & par ses vertus, leur permit enfin d'être Missionnaires & d'enseigner publiquement le Christianisme. Il n'est pas inutile d'observer, que cet Empereur si despotique & petit-fils du Conquérant de la Chine, était cependant soumis par l'usage aux Loix de l'Empire, qu'il ne put de sa seule autorité permettre le Christianisme, qu'il falut s'adresser à un Tribunal, & qu'il minuta lui même deux requêtes au nom des Jésuites. Enfin en 1692. le Christianisme fut permis à la Chine, par les soins infatigables & par l'habileté des seuls Jésuites.

Il y a dans Paris une Maison établie pour les Missions étrangères. Quelques Prêtres de cette maison étaient alors à la Chine. Le Pape, qui envoye des Vicaires Apostoliques dans tous les pays qu'on appelle *les parties des infidéles*, choisit un Prêtre de cette maison de Paris, nommé *Maigrot*, pour aller présider en qualité de Vicaire à la Mission de la Chine ; & lui donna l'Evêché de Canon, petite province Chinoise dans le Fokien. Ce Français, Evêque à la Chine, déclara non seulement les rits observés pour les morts, superstitieux & idolâtres ; mais il déclara les Lettrés Athées. Ainsi les Jésuites eurent plus alors à combattre les Missionnaires leurs confréres, que les Mandarins & le peuple. Ils représentèrent à Rome, qu'il paraissait assez incompatible que les Chinois fussent à la fois athées & idolâtres. On reprochait aux Lettrés de n'admettre que la matiére ; en ce cas il était difficile qu'ils invoquassent les ames de leurs péres & celle de *Con-fut-zée*. Un de ces reproches semble détruire l'autre, à moins qu'on ne prétende qu'à la Chine on admet le contradictoire, comme il arrive souvent parmi nous. Mais il fallait être bien au fait de leur langue & de leurs mœurs, pour démêler ce contradictoire. Le procès de l'Empire de la Chine dura longtems en Cour de Rome. Cependant on attaqua les Jésuites de tous côtés.

Un de leurs savans Missionnaires, le Pere *le Comte*, avait écrit dans ses Mémoires de la Chine, » que ce » peuple a conservé pendant deux » mille ans la connaissance du vrai » DIEU ; qu'il a sacrifié au Créa- » teur dans le plus ancien Tem- » ple de l'Univers ; que la Chi- » ne a pratiqué les plus pures le- » çons de la Morale, tandis que » l'Europe était dans l'erreur & » dans la corruption. «

Nous avons vû que cette Nation remonte, par une histoire autenti- que, & par une suite de trente-six Eclipses calculées, jusqu'au-delà du tems où nous plaçons d'ordinaire le Déluge universel. Jamais les Let- trés n'ont eû d'autre Religion que l'adoration d'un Etre Suprême. Leur culte fut la Justice. Ils ne pû- rent connaître les loix successives que DIEU donna à *Abraham*, à *Moïse*, & enfin la loi perfection- née du Messie, inconnuë si long- tems aux peuples de l'Occident & du Nord. Il est constant que les Gau- les, la Germanie, l'Angleterre, tout le Septentrion, étaient plongées dans l'idolatrie la plus barbare, quand les Tribunaux du vaste Empire de la Chine cultivaient les mœurs & les loix, en reconnaissant un seul DIEU, dont le culte simple n'avait jamais changé parmi eux. Ces vérités évidentes devaient justifier les expressions du Jésuite *Le Comte.* Cependant, comme on pouvait trouver dans ces propositions quelque idée qui choque un peu les idées reçues, on les attaqua en Sorbonne. L'Abbé *Boileau*, frere de *Despréaux*, non moins critique que son frére, & plus ennemi des Jésuites, dénonça en 1700. cet éloge des Chinois comme un blasphême. L'Abbé *Boileau* était un esprit vif & singulier, qui écrivait comiquement des choses sérieuses & hardies. Il est l'Auteur du livre des *Flagellans*, & de quelques ouvrages de cette espèce. Il disait qu'il les écrivait en Latin, de peur que les Evêques ne le censurassent ; & *Despréaux* son frére disait de lui, *S'il n'avait été Docteur de Sorbonne, il aurait été Docteur de la Comédie Italienne.* Il déclama violemment contre les Jésuites & les Chinois, & commença par dire, que *l'éloge de ces peuples avait ébranlé son cerveau chrétien.* Lès autres cerveaux de l'Assemblée furent ébranlés aussi. Il y eut quelques débats. Un Docteur nommé *le Sage* opina, qu'on envoyât sur les lieux douze de ses confréres des plus robustes, s'instruire à fond de la cause. La scène fut violente ; mais enfin la Sorbonne déclara les louanges des Chinois, fausses, scandaleuses, témeraires, impies & hérétiques.

Cette querelle, qui fut vive, envenima celle des cérémonies ; & enfin le Pape Clément XI. envoya l'année d'après un Légat à la Chine. Il choisit *Thomas Maillard de Tournon*, Patriarche titulaire d'Antioche. Le Patriarche ne put arriver qu'en 1705. La Cour de Pékin avait ignoré jusques-là, qu'on la jugeait à Rome & à Paris. L'Empereur *Camhi* reçut d'abord le Patriarche *de Tournon* avec beaucoup de bonté. Mais on peut juger quelle fut sa surprise, quand les interprêtes de ce Légat lui apprirent que les Chrétiens, qui prêchaient leur Religion dans son Empire, ne s'accordaient point entre eux, & que ce Légat venait pour terminer une querelle dont la Cour de Pékin n'avait jamais entendu parler. Le Légat lui fit entendre que tous les Missionnaires, excepté les Jésuites, condamnaient les anciens usages de l'Empire; & qu'on soupçonnait même Sa Majesté Chinoise & les Lettrés d'être des Athées, qui n'admettaient que le Ciel matériel. Il ajouta qu'il y avait un savant Evêque de Conon, qui expliquerait tout cela, si Sa Majesté daignait l'entendre. La surprise du Monarque redoubla, en apprenant qu'il y avait des Evêques dans son Empire. Mais celle du lecteur ne doit pas être moindre, en voyant que ce Prince indulgent poussa la bonté jusqu'à permettre à l'Evêque de Conon de venir lui parler contre la Religion, contre les usages de son pays, & contre lui-même. L'Evêque de Conon fut admis à son audience. Il savait très peu de Chinois. L'Empereur lui demanda d'abord l'explication de quatre caractères peints en or au-dessus de son Trône. *Maigrot* n'en put lire que deux : mais il soûtint que les mots *king-tien*, que l'Empereur avait écrits lui-même sur des tablettes, ne signifiaient pas *Adorez le Seigneur du Ciel*. L'Empereur eut la patience de lui expliquer, que c'était précisément le sens de ces mots. Il daigna entrer dans un long examen. Il justifia les honneurs qu'on rendait aux morts. L'Evêque fut inflexible. On peut croire, que les Jésuites avaient plus de crédit à la Cour que lui. L'Empereur, qui par les Loix pouvait le faire punir de mort, se contenta de le bannir. Il ordonna, que tous les Européans, qui voudraient rester dans le sein de l'Empire, viendraient désormais prendre de lui des Lettres-patentes, & subir un examen.

Pour le Légat *de Tournon*, il eut ordre de sortir de la Capitale. Dès qu'il fut à Nankin, il y donna un Mandement, qui condamnait absolument les rits de la Chine à l'égard des morts, & qui défendait qu'on se servît du mot dont s'était servi

servi l'Empereur, pour signifier *le Dieu du Ciel*.

Alors le Légat fut relégué à Macao, dont les Chinois sont toujours les Maîtres, quoiqu'ils permettent aux Portugais d'y avoir un Gouverneur. Tandis que le Légat était confiné à Macao, le Pape lui envoya la barrette ; mais elle ne lui servit qu'à le faire mourir Cardinal. Il finit sa vie en 1710. Les ennemis des Jésuites leur imputerent sa mort. Ils pouvaient se contenter de leur imputer son exil.

Ces divisions, parmi les étrangers qui venaient instruire l'Empire, décréditèrent la Religion qu'ils annonçaient. Elle fut encor plus décriée, lorsque la Cour, ayant apporté plus d'attention à connaître les Européans, sut que non-seulement les Missionnaires étaient ainsi divisés, mais que parmi les Négocians qui abordaient à Canton, il y avait plusieurs Sectes ennemies l'une de l'autre.

L'Empereur *Camhi* ne se refroidit pas pour les Jésuites, mais beaucoup pour le Christianisme. Son

Successeur chassa tous les Missionnaires, & proscrivit la Religion Chrétienne. Ce fut en partie le fruit de ces querelles & de cette hardiesse, avec laquelle des étrangers prétendaient savoir mieux que l'Empereur & les Magistrats, dans quel esprit les Chinois révèrent leurs ancêtres. Ces disputes longtems l'objet de l'attention de Paris, ainsi que beaucoup d'autres nées de l'oisiveté & de l'inquiétude, se sont évanouïes. On s'étonne aujourdhui, qu'elles ayent produit tant d'animosités; & l'esprit de Philosophie, qui gagne de jour en jour, semble assurer la tranquilité publique.

CHAPITRE CCXI.

RESUMÉ

DE TOUTE CETTE HISTOIRE,

ET POINT DE VUE SOUS LEQUEL ON PEUT LA REGARDER.

J'Ai parcouru ce vaste théatre de révolutions que la Terre entiére a éprouvées depuis le tems de *Charlemagne.* A quoi ont-elles abouti ? à la destruction, à des millions d'hommes égorgés. Tout grand événement a été un grand malheur. L'Histoire n'a guères tenu compte des tems tranquilles ; elle n'a parlé que des orages.

Nous avons vû notre Europe remplie de Barbares depuis la chûte de l'Empire Romain ; ces Barbares devenus Chrêtiens, toûjours en guerre avec les Musulmans, ou se déchirant entr'eux.

Nous avons vû en Italie une guerre perpétuelle de ville contre ville ; les *Guelfes* & les *Gibelins* se détruisant l'un par l'autre, des siécles entiers de conspirations, de continuels débordements de Nations éloignées, qui passaient les Alpes, & qui se chassaient tour à tour. Enfin il n'est resté dans ce grand & beau pays que deux Etats considérables, gouvernés par des Indigénes; ce sont Venise & Rome. Les autres, comme Naples, Sicile, le Milanais, Parme, Plaisance, la Toscane, appartiennent à des Maisons étrangères.

 Les troubles, les guerres, ont désolé tous les autres grands Etats Chrétiens, mais n'en ont asservi aucun à une Puissance voisine. Le résultat de ces longs ébranlements, & de ce choc indéterminable, a été seulement que quelques petites Provinces ont été détachées d'un Etat pour passer à un autre. La Flandre, par exemple, ancienne Pairie de la France, passa d'une main étrangère dans la Maison de Bourgogne, & de cette Maison dans celle d'Autriche; & une petite partie de cette Flandre revint à la France sous *Louis XIV*. Plusieurs *cette Histoire.* 93

Provinces de l'ancienne Gaule furent autrefois démembrées. L'Alsace qui était de cette ancienne Gaule, appartint ensuite à l'Allemagne, & est aujourdhui une Province de France ; la haute Navarre, qui devait être du Domaine de la branche aînée de *Bourbon*, appartient à la cadette, & le Roussillon qui était aux Espagnols, est aux Français.

Dans toutes ces secousses, il ne s'est formé depuis *Charlemagne* que deux Républiques absolument indépendantes, celle de Suisse & de leurs Alliés, & celle de Hollande.

Aucun grand Royaume n'en a pu subjuguer un autre. La France malgré les conquêtes d'*Edouard III.* & de *Henri V.* malgré les victoires & les efforts de *Charles-Quint* & de *Philippe II.*, est demeurée dans ses limites, & les a même reculées. L'Espagne, l'Allemagne, la Grande-Bretagne, la Pologne, les Etats du Nord, sont à peu près ce qu'ils étaient.

Qu'a donc produit le sang de tant de millions d'hommes, & le saccagement de tant de villes ? Rien de grand, rien de confidérable. Les Princes Chrétiens ont beaucoup perdu avec les Turcs depuis cinq-cent ans, & n'ont prefque rien gagné les uns contre les autres.

Prefque toute l'Hiftoire n'eft donc qu'une longue fuite d'atrocités inutiles ; & s'il arrive quelque grande révolution, elle anéantira le fouvenir de toutes ces querelles paffées, de toutes ces guerres, de tous ces Traités frauduleux qui ont produit tant de malheurs paffagers.

On compte avec raifon parmi ces malheurs les troubles, & les guerres civiles de Religion. L'Europe en a éprouvé de deux fortes, & on ne fait quelle a été la plus funefte. La première, comme nous l'avons vû, a été la querelle des Pontifes avec les Empereurs & les Rois : elle a commencé au tems de *Louis le faible*; elle n'a ceffé entiérement en Allemagne qu'après *Charles-Quint*; en Angleterre que par la conftance d'*Elizabeth*; en France que par la foumiffion de *Henri IV*. La feconde fource qui a fait couler tant de sang, a été la fureur dogmatique ; elle a bouleversé plus d'un Etat, depuis les massacres des Albigeois au treiziéme siécle, jusqu'à la petite guerre des Cévennes au commencement du dix-huitiéme. Le sang a coulé dans les campagnes & sur les échaffauts, pour des arguments de Théologie, tantôt dans un pays, tantôt dans un autre, pendant cinq-cent années presque sans interruption ; & ce fléau n'a duré si longtems que parce qu'on a toujours négligé la Morale pour le Dogme.

Il faut donc encor une fois avoüer qu'en général toute cette Histoire est un ramas de crimes, de folies & de malheurs, parmi lesquels nous avons vû quelques vertus, quelques tems heureux, comme on découvre des habitations répanduës çà & là, dans des déserts sauvages.

L'homme, peut-être, qui dans les tems grossiers, qu'on nomme du moyen âge, mérita le plus du Genre humain, fut le Pape *Aléxandre III.* Ce fut lui qui dans un Concile au douziéme siécle abolit la servitude.

C'est ce même Pape qui triompha dans Venise, par sa sagesse, de la violence de l'Empereur *Fréderic Barberousse*, & qui força *Henri II*. Roi d'Angleterre de demander pardon à Dieu & aux hommes du meurtre de de *Thomas Beket*. Il réssuscita les droits des Peuples, & réprima le crime dans les Rois. Nous avons remarqué qu'avant ce tems toute l'Europe, excepté un très-petit nombre de villes, était partagée entre deux sortes d'hommes, les Seigneurs des terres, soit séculiers, soit ecclésiastiques, & les esclaves. Les hommes de loi qui assistaient les Chevaliers, les Baillifs, les Maîtres-d'hôtel des Fiefs dans leurs Jugements, n'étaient réellement que des serfs. Si les hommes sont rentrés dans leurs droits, c'est principalement au Pape *Alexandre III*. qu'ils en sont redevables ; c'est à lui que tant de villes doivent leur splendeur ; cependant nous avons vû que cette liberté ne s'est pas étendüe partout. Elle n'a jamais pénétré en Pologne ; le cultivateur y est encor serf, attaché à la glébe, ainsi qu'en Bohême, en

Suabe, & dans plusieurs autres pays de l'Allemagne ; on voit même encor en France dans quelques Provinces éloignées de la capitale, des restes de cet esclavage. Il y a quelques Chapitres, quelques Moines, à qui les biens des paysans appartiennent.

On ne trouve, au contraire, dans toute l'Asie d'autres esclaves que ceux qu'on achette, ou qu'on a pris à la guerre : on n'en achette point dans l'Europe Chrêtienne ; les prisonniers de guerre n'y sont point réduits en servitude. Il n'y a chez les Asiatiques qu'une servitude domestique, & chez les Chrêtiens qu'une servitude civile. Le paysan Polonais est serf dans la terre, & non esclave dans la maison de son Seigneur. Nous n'achetons des esclaves domestiques que chez les Négres. On nous reproche ce commerce : un peuple qui trafique de ses enfans est encor plus condamnable que l'acheteur : ce négoce démontre notre supériorité ; celui qui se donne un maître était né pour en avoir.

Nous avons vû la tolérance de

toutes les Religions établie en Asie de tems immémorial, à peu près comme elle l'est aujourdhui en Angleterre, en Hollande, & en Allemagne : nous avons observé que le Japon était de tous les pays le plus tolérant, avant l'événement fatal qui a rendu le Gouvernement si impitoyable.

On a pu remarquer dans le cours de tant de révolutions, qu'il s'est formé des Peuples presque sauvages, tant en Europe qu'en Asie, dans les contrées autrefois les plus policées. Il y a telle Isle de l'Archipel qui florissait autrefois, & qui est réduite aujourdhui au sort des Bourgades de l'Amérique. Le pays où étaient les villes d'Artaxates, de Tigranocertes, de Colcos, ne valent pas à beaucoup près nos colonies. Il y a dans quelques Isles, dans quelques forêts, & sur quelques montagnes au milieu de notre Europe, des portions de Peuples qui n'ont nul avantage sur ceux du Canada, ou des Noirs de l'Affrique. Les Turcs sont plus policés, mais nous ne connaissons aucune ville bâtie par eux : ils ont laissé dépérir les plus beaux établissements de l'Antiquité : ils régnent sur des ruines.

Il n'est rien dans l'Asie qui ressemble à la Noblesse d'Europe ; on ne trouve nulle part en Orient un ordre de citoyens distingué des autres par des titres héréditaires ; par des exemptions & des droits attachés uniquement à la naissance. Les Tartares paraissent les seuls qui ayent dans les races de leurs *Mirzas* quelque faible image de cette institution ; on ne voit ni en Turquie, ni en Perse, ni aux Indes, ni à la Chine, rien qui donne l'idée de ces Corps de Nobles qui forment une partie essentielle de chaque Monarchie Européane. Il faut aller jusqu'au Malabar pour retrouver une aparence de cette constitution ; encor est elle très différente ; c'est une Tribu entiére qui est toute destinée aux armes, qui ne s'allie jamais aux autres Tribus, ou Castes, qui ne daigne même avoir avec elles aucun commerce.

La plus grande différence entre nous & les Orientaux, est la maniere dont nous traitons les femmes.

Aucune n'a régné dans l'Orient, si ce n'est une Princesse de Mingrelie dont nous parle *Chardin*, par laquelle il dit qu'il fut volé. Les femmes, qui ne peuvent régner en France, y sont Régentes; elles ont droit à tous les autres Trônes, excepté à celui de l'Empire, & de la Pologne.

Une autre différence qui nait de nos usages avec les femmes, c'est cette coutume de mettre auprès d'elles des hommes dépouillés de leur virilité, usage immémorial de l'Asie & de l'Affrique, quelquefois introduit en Europe chez les Empereurs Romains. Nous n'avons pas aujourdhui dans nôtre Europe Chrêtienne deux-cent Eunuques pour les Chapelles & pour les Théatres; les Serrails des Orientaux en sont remplis.

Tout diffère entre eux & nous; Religion, Police, Gouvernement, mœurs, nourriture, vétemens, manière d'écrire, de s'exprimer, de penser. La plus grande ressemblance que nous ayons avec eux est cet esprit de guerre, de meurtre, & de destruction qui a toujours dépeuplé la Terre. Il faut avouer pourtant que

cette *Histoire.* 101

cette fureur entre bien moins dans le caractère des Peuples de l'Inde & de la Chine, qui dans le nôtre. Nous ne voyons surtout aucune guerre commencée par les Indiens, ni par les Chinois, contre les habitans du Nord : ils valent en cela mieux que nous ; mais leur vertu même, ou plutôt leur douceur, les a perdus ; ils ont été subjugués.

Au milieu de ces saccagements & de ces destructions que nous observons dans l'espace de neuf cent années, nous voyons un amour de l'ordre qui anime en secret le Genre-humain, & qui a prévenu sa ruine totale. C'est un des ressorts de la Nature qui reprend toujours sa force : c'est lui qui a formé le Code des Nations ; c'est par lui qu'on révère la Loi & les Ministres de la Loi dans le Tunquin, & dans l'Isle de Formose, comme à Rome. Les enfans respectent leurs péres en tout pays ; & le fils en tout pays, quoi qu'on en dise, hérite de son pére. Car si en Turquie le fils n'a point l'héritage d'un Timariot, ni dans l'Inde celui de la terre d'un Omra, c'eſt que ces fonds n'apartenaient point au pére. Ce qui eſt un bénéfice à vie, n'eſt en aucun lieu du Monde un héritage. Mais dans la Perſe, dans l'Inde, dans toute l'Aſie, tout citoyen, & l'étranger même de quelque Religion qu'il ſoit, excepté au Japon, peut acheter une terre qui n'eſt point domaine de l'Etat, & la laiſſer à ſa famille.

C'eſt dans notre Europe qu'il y a encor quelques Peuples dont la Loi ne permet pas qu'un étranger achette un champ & un tombeau dans leur territoire. Le barbare droit d'aubaine, par lequel un étranger voit paſſer le bien de ſon pére au Fiſc Royal, ſubſiſte encor dans tous les Royaumes Chrêtiens, à moins qu'on n'y ait dérogé par des conventions particuliéres.

Nous penſons encor que dans tout l'Orient les femmes ſont eſclaves, parce qu'elles ſont attachées à une vie domeſtique. Si elles étaient eſclaves, elles ſeraient donc dans la mendicité, à la mort de leurs maris; c'eſt ce qui n'arrive point; elles ont partout une portion réglée par la Loi & elles obtiennent cette portion en cas de divorce. D'un bout du Monde à l'autre vous trouvez des Loix établies pour le maintien des familles.

Il y a partout un frein imposé au pouvoir arbitraire par la loi, par les usages, ou par les mœurs. Le Sultan Turc ne peut ni toucher à la monnoie, ni casser les Janissaires, ni se mêler de l'intérieur des Serrails de ses sujets. L'Empereur Chinois ne promulgue pas un Edit sans la sanction d'un Tribunal. On essuie dans tous les Etats d'horribles violences; les grands Visirs & les Itimadoulets excercent le meurtre & la rapine; mais ils n'y sont pas plus autorisés par les Loix que les Arabes & les Tartares vagabons ne le sont de piller les Caravanes.

La Religion enseigne la même Morale à tous les Peuples sans aucune exception : les cérémonies Asiatiques sont bizarres, les créances absurdes; mais les préceptes justes. Le Derviche, le Faquir, le Bonze, le Talapoin, disent partout, Soyez équitables & bienfaisants.

On reproche au bas peuple de la Chine beaucoup d'infidélités dans le Négoce; ce qui l'encourage peut-être dans ce vice, c'est qu'il achette de ses Bonzes, pour la plus vile monnoie, l'expiation dont il croit avoir besoin. La Morale qu'on lui inspire est bonne, l'indulgence qu'on lui vend, pernicieuse.

Envain quelques Voyageurs & quelques Missionnaires nous ont représenté les Prêtres d'Orient comme des Prédicateurs de l'iniquité; c'est calomnier la Nature humaine; il n'est pas possible qu'il y ait jamais une société religieuse instituée pour inviter au crime.

On ne se trompe pas moins, quand on croit que la Religion des Musulmans ne s'est établie que par les armes. Les Mahométans ont eu leurs Missionnaires aux Indes & à la Chine; & la Secte d'*Omar* combat la Secte d'*Ali* par la parole, jusques sur les côtes de Coromandel & de Malabar.

Il résulte de ce tableau, que tout ce qui tient intimement à la Nature humaine, se ressemble d'un bout de l'Univers à l'autre ; que tout ce qui peut dépendre de la coutume est différent, & que c'est un hazard s'il se ressemble. L'Empire de la coutume est bien plus vaste que celui de la Nature ; il s'étend sur les mœurs, sur tous les usages ; il répand la variété sur la scène de l'Univers ; la Nature y répand l'unité ; elle établit partout un petit nombre de principes invariables : ainsi le fonds est partout le même ; & la culture produit des fruits divers.

Puisque la Nature a mis dans le cœur des hommes l'intérêt, l'orgueil & toutes les passions, il n'est pas étonnant que nous ayons vû dans un période d'environ dix siécles, une suite presque continue de crimes & de désastres. Si nous remontons aux tems précédents, ils ne sont pas meilleurs. La coutume a fait que le mal a été opéré partout d'une manière différente.

CHAPITRE CCXII.
DES BEAUX ARTS
EN EUROPE DU TEMS
DE LOUIS XIV.

Nous avons affez infinué dans tout le cours de cette Hiftoire, que les défaftres publics dont elle eft compofée, & qui fe fuccèdent les uns aux autres prefque fans relâche, font à la longue effacés des régiftres des tems. Les détails & les refforts de la Politique tombent dans l'oubli. Les bonnes loix, les inftituts, les monuments produits par les Sciences & par les Arts, fubfiftent à jamais.

La foule des étrangers qui voyagent aujourdhui à Rome, non en pélerins, mais en hommes de goût, s'informe peu de *Grégoire VII.* & de *Boniface VIII.*; ils admirent les Temples, que les *Bramante* & les *Michel-Ange* ont élevés, les tableaux des *Raphael*, les sculptures des *Bernini*; s'ils ont de l'esprit, ils lisent l'*Arioste* & le *Tasse*; & ils respectent la cendre de *Galilée*. En Angleterre on parle un moment de *Cromwell*; on ne s'entretient plus des guerres de la *Rose blanche* : mais on étudie *Newton* des années entiéres; on n'est point étonné de lire dans son épitaphe *qu'il a été la gloire du genre humain*, & on le serait beaucoup si on voyait en ce pays les cendres d'aucun homme d'Etat honorées d'un pareil titre.

Je voudrais ici pouvoir rendre justice à tous les grands-hommes qui ont comme lui illustré leur patrie dans le dernier siécle. J'ai appellé ce siécle celui de *Louis XIV*. non seulement parce que ce Monarque a protégé les Arts beaucoup plus que tous les Rois ses contemporains ensemble, mais encor parce qu'il a vû renouveller trois fois toutes les générations des Princes de l'Europe. J'ai fixé cette époque à quelques années avant *Louis XIV*. & à quelques années après lui; c'est en effet dans cet espace de tems que l'esprit humain a fait les plus grands progrès.

 Les Anglais ont plus avancé vers la perfection presqu'en tous les genres depuis 1660. jusqu'à nos jours, que dans tous les siécles précédents. Je ne repéterai point ici ce que j'ai dit ailleurs de *Milton*. Il est vrai que plusieurs Critiques lui reprochent de la bizarrerie dans ses peintures, son Paradis des sots, ses murailles d'albâtre qui entourent le Paradis terrestre; ses Diables qui de Géants qu'ils étaient se transforment en Pigmées pour tenir moins de place au Conseil, dans une grande salle d'or bâtie en Enfer: les canons qu'on tire dans le Ciel, les montagnes qu'on s'y jette à la tête; des Anges à cheval, des Anges qu'on coupe en deux, & dont les parties se rejoignent soudain. On se plaint de ses longueurs, de ses répétitions; on dit qu'il n'a égalé ni *Ovide*, ni *Hésiode*, dans sa longue description de la manière dont la Terre, les animaux & l'homme furent formés. On censure ses dissertations sur l'Astronomie qu'on croit trop féches, & fes inventions qu'on croit plus extravagantes que merveilleufes, plus dégoutantes que fortes ; telles font une longue chauffée fur le Cahos, le péché & la mort amoureux l'un de l'autre, qui ont des enfans de leur incefte ; & la mort *qui léve le nez pour renifler à travers l'immenfité du Cahos, le changement arrivé à la Terre, comme un corbeau qui fent les cadavres* ; cette mort qui flaire l'odeur du péché, qui frappe de fa maffue pétrifique fur le froid & fur le fec ; ce froid & ce fec, avec le chaud & l'humide, qui devenus quatre braves Généraux d'armée, conduifent en bataille des embrions d'atomes armés à la légére. Enfin on s'eft épuifé fur les critiques, mais on ne s'épuifera jamais fur les louanges. *Milton* reftera la gloire & l'admiration de l'Angleterre ; on le comparera toujours à *Homére*, dont les défauts font auffi grands ; & on le mettra au-deffus du *Dante*, dont les imaginations font encor plus bizarres.

Dans le grand nombre des Poëtes admirables qui décorèrent le régne de *Charles II.* comme les *Waller*, les Comtes *de Dorset* & de *Rochester*, le Duc *de Bukingham*, &c. on distingue le célèbre *Dryden*, qui s'est signalé dans tous les genres de Poësie ; ses ouvrages sont pleins de détails naturels à la fois & brillants; animés, vigoureux, hardis, passionnés ; mérite qu'aucun Poëte de sa Nation n'égale, & qu'aucun ancien n'a surpassé. Si *Pope*, qui est venu après lui, n'avait pas sur la fin de sa vie fait son *Essai sur l'homme*, il ne serait pas comparable à *Dryden*.

Nulle Nation n'a traité la Morale en vers, avec plus d'énergie & de profondeur, que la Nation Anglaise ; c'est-là, ce me semble, le plus grand mérite de ses Poëtes.

Il y a une autre sorte de Littérature variée, qui demande un esprit encor plus cultivé & plus universel ; c'est celle qu'*Addisson* a possédée ; non seulement il s'est immortalisé par son *Caton*, la seule Tragédie Anglaise écrite avec une élégance & une noblesse continue ; mais ses autres ouvrages de Morale & de Critique, respirent le goût; on y voit partout le bon sens paré des fleurs de l'imagination; sa manière d'écrire est un excellent modéle en tout pays. Il y a du Doyen *Swift* plusieurs morceaux dont on ne trouve aucun exemple dans l'Antiquité; c'est *Rabelais* perfectionné.

Les Anglais n'ont point connu les oraisons funébres, ce n'est pas la coutume chez eux de louer des Rois & des Reines dans les Eglises; mais l'éloquence de la Chaire, qui était très-grossiére à Londres avant *Charles II.* se forma tout d'un coup. L'Evêque *Burnet* avoüe dans ses Mémoires, que ce fut en imitant les Français. Peut-être ont-ils surpassé leurs maîtres: leurs sermons sont moins compassés, moins affectés, moins déclamateurs qu'en France.

Il est encor remarquable, que ces Insulaires séparés du reste du monde, & instruits si tard, aient acquis pour le moins autant de connaissances de l'Antiquité qu'on en a pu rassembler dans Rome, qui a été si longtems le centre des Nations. *Marsham* a percé dans les ténébres de l'ancienne Egypte; il n'y a point de Perfan qui ait connu la Religion de *Zoroaftre* comme le favant *Hyde*. L'hiftoire de *Mahomet* & des tems qui le précédent, était ignorée des Turcs, & a été dévelopée par l'Anglais *Hales* qui a voyagé fi utilement en Arabie.

Il n'y a point de pays au monde où la Religion Chrêtienne ait été fi fortement combattuë, & défenduë fi favamment, qu'en Angleterre. Depuis *Henri VIII.* jufqu'à *Cromwell* on avait difputé & combattu comme cette ancienne efpèce de Gladiateurs qui defcendaient dans l'Arène, un cimeterre à la main, & un bandeau fur les yeux. Quelques légéres différences dans le culte & dans le dogme avaient produit des guerres horribles; & quand depuis la reftauration jufqu'à nos jours on a attaqué tout le Chriftianifme prefque chaque année, ces difputes n'ont pas excité le moindre trouble; on n'a répondu qu'avec de la fcience: autrefois c'était avec le fer & la flamme.

C'eft furtout en Philofophie que les

les Anglais ont été les Maîtres des autres Nations. Il ne s'agiſſait plus de ſyſtêmes ingénieux. Les Fables des Grecs devaient diſparaître depuis longtemps, & les Fables des modernes ne devaient jamais paraître. Le Chancelier *Bacon* avait commencé par dire qu'on devait interroger la Nature d'une manière nouvelle, qu'il fallait faire des expériences : *Boyle* paſſa ſa vie à en faire. Ce n'eſt pas ici le lieu d'une Diſſertation Phyſique ; il ſuffit de dire qu'après trois mille ans de vaines recherches, *Newton* eſt le premier qui ait découvert & démontré la grande loi de la Nature, par laquelle toute partie de la matiére péſe vers un centre, & tous les Aſtres ſont retenus dans leur cours. Il eſt le premier qui ait vû en effet la lumiére ; avant lui on ne la connaiſſait pas.

Ses Principes Mathématiques, où régne une Phyſique toute nouvelle & toute vraie, ſont fondés ſur la découverte du calcul qu'on appelle, de *l'infini*, dernier effort de la Géométrie, & effort qu'il avait fait à vingt-quatre ans. C'est ce qui a fait dire à un grand Philosophe, au savant *Hallay*, qu'*il n'est pas permis à un mortel d'atteindre de plus près à la Divinité*.

Une foule de bons Géomètres, de bons Physiciens, fut éclairée par ses découvertes, & animée par lui. *Bradlay* trouva enfin jusqu'à la Paralaxe des étoiles fixes placées à douze millions de millions de lieues loin de notre petit Globe.

Ce même *Hallay* que je viens de citer, eut, quoique simple Astronome, le commandement d'un vaisseau de Roi en 1698. C'est sur ce vaisseau qu'il détermina la position des étoiles du Pole Antarctique, & qu'il marqua toutes les variations de la boussole dans toutes les parties du Globe connu. Le voyage des Argonautes n'était en comparaison que le passage d'une barque d'un bord de riviere à l'autre. A peine a-t-on parlé dans l'Europe du voyage de *Hallay*.

Cette indifférence que nous avons pour les grandes choses devenuës trop familiéres, & cette admiration des anciens Grecs pour les petites, est encor une preuve de la prodigieuse supériorité de notre siécle sur les anciens. *Boileau* en France, le Chevalier *Temple* en Angleterre, s'obstinaient à ne pas reconnaître cette supériorité : ils voulaient déprifer leur siécle, pour se mettre eux-mêmes au-dessus de lui. Cette dispute entre les Anciens & les Modernes, est enfin décidée, du moins en Philosophie. Il n'y a pas un ancien Philosophe qui serve aujourdhui à l'instruction de la jeunesse chez les Nations éclairées.

Le seul *Locke* serait un grand exemple de cet avantage que notre siécle a eu sur les plus beaux âges de la Grèce. Depuis *Platon* jusqu'à lui, il n'y a rien : personne dans cet intervalle n'a dévelopé les opérations de notre ame : & un homme qui saurait tout *Platon*, & qui ne saurait que *Platon*, saurait peu, & saurait mal.

C'était à la vérité un Grec éloquent ; son apologie de *Socrate* est un service rendu aux Sages de toutes les Nations ; il est juste de le respecter, puisqu'il a rendu si respectable la vertu malheureuse, & les persécuteurs si odieux. On crut longtems que sa belle Morale ne pouvait être accompagnée d'une mauvaise Métaphysique ; on en fit presque un Pére de l'Eglise, à cause de son *Ternaire* que personne n'a jamais compris. Mais que penserait-on aujourdhui d'un Philosophe qui nous dirait que la matiére est *l'autre* ? que le Monde est une figure de douze pentagones ? que le feu qui est une pyramide, est lié à la Terre par des nombres ? Serait-on bien reçu à prouver l'immortalité & les métempsycoses de l'ame, en disant que le sommeil nait de la veille, la veille du sommeil, le vivant du mort, & le mort du vivant ? Ce sont-là les raisonnements qu'on a admirés pendant tant de siécles ; & des idées plus extravagantes encor ont été employées depuis à l'éducation des hommes.

Locke seul a dévelopé *l'Entendement humain* dans un livre où il n'y a que des vérités ; & ce qui rend l'ouvrage parfait, toutes ces vérités sont claires.

Si on veut achever de voir en quoi ce dernier siècle l'emporte sur tous les autres, on peut jetter les yeux sur l'Allemagne & sur le Nord. Un *Hevelius* à Dantzik est le premier Astronome qui ait bien connu la Planéte de la Lune ; aucun homme avant lui n'avait mieux examiné le Ciel. Parmi les grands hommes que cet âge a produits, nul ne fait mieux voir que ce siécle peut être appellé celui de *Louis XIV*. *Hevelius* perdit par un incendie une immense bibliothèque : Le Monarque de France gratifia l'Astronomie de Dantzik d'un présent fort au-dessus de sa perte.

Mercator dans le Holstein fut en Géométrie le précurseur de *Newton*; les *Bernoulli* en Suisse ont été les dignes disciples de ce grand homme. *Leibnitz* passa quelque tems pour son rival.

Ce fameux *Leibnitz* nâquit à Leipsik: il mourut en sage à Hanovre, adorant un DIEU comme *Newton*, sans consulter les hommes. C'était peut-être le savant le plus universel de l'Europe: Historien infatigable dans ses recherches, Jurisconsulte profond, éclairant l'étude du Droit par la Philosophie, toute étrangère qu'elle paraît à cette étude: Métaphysicien assez délié pour vouloir réconcilier la Théologie avec la Métaphysique ; Poëte Latin même, & enfin Mathématicien assez bon pour disputer au grand *Newton* l'invention du calcul de l'*infini*, & pour faire douter quelque tems entre *Newton* & lui.

C'était alors le bel âge de la Géométrie ; les Mathématiciens s'envoyaient souvent des défis, c'est-à-dire des problêmes à résoudre, à peu près comme on dit que les anciens Rois de l'Egypte & de l'Asie s'envoyaient réciproquement des énigmes à deviner. Les problêmes que se proposaient les Géomètres, étaient plus difficiles que ces énigmes ; il n'y en eut aucun qui demeurât sans solution en Allemagne, en Angleterre, en Italie, en France. Jamais la correspondance entre les Philosophes, ne fut plus universelle ; *Leibnitz* servait à l'animer. On a vû une République Littéraire établie insensiblement dans l'Europe malgré les guerres, & malgré les Religions différentes. Toutes les Sciences, tous les Arts ont reçu ainsi des secours mutuels ; les Académies ont formé cette République. L'Italie & la Russie ont été unies par les Lettres. L'Anglais, l'Allemand, le Français, allaient étudier à Leyde. Le célèbre Médecin *Boerhave* était consulté à la fois par le Pape & par le Czar. Ses plus grands éléves ont attiré ainsi les étrangers, & sont devenus en quelque sorte les Médecins des Nations ; les véritables savants dans chaque genre ont resserré les liens de cette grande société des esprits répandue partout & partout indépendante. Cette correspondance dure encor ; elle eſt une des conſolations des maux que l'ambition & la politique répandent ſur la Terre.

L'Italie dans ce ſiécle a conſervé ſon ancienne gloire, quoiqu'elle n'ait eu ni de nouveaux *Taſſes*, ni de nouveaux *Raphaels*. C'eſt aſſez de les avoir produits une fois. Les *Cabrera*, les *Zappi*, les *Filicaia*, ont fait voir que la délicateſſe eſt toujours le partage de cette nation. La *Mérope* de *Maffei*, & les ouvrages Dragmatiques de *Métaſtaſio*, ſont des beaux monuments du ſiécle.

L'étude de la vraie Phyſique établie par *Galilée*, s'eſt toujours ſoutenuë malgré les contradictions d'une ancienne Philoſophie trop conſacrée. Les *Caſſini*, les *Viviani*, les *Manfredi*, les *Bianchini*, des *Zanotti* & tant d'autres ont répandu ſur l'Italie la même lumiére qui éclairait les autres pays ; & quoique les principaux rayons de cette lumiére vinſſent de l'Angleterre, les Ecoles Italiennes n'en ont point enfin détourné les yeux.

Tous les genres de Littérature ont été cultivés dans cette ancienne patrie des Arts, autant qu'ailleurs, excepté dans les matières où la liberté de penser donne plus d'essor à l'esprit chez d'autres Nations. Ce siécle surtout a mieux connu l'antiquité que les précédents. L'Italie fournit plus de monuments que toute l'Europe ensemble ; & plus on a déterré de ces monuments, plus la Science s'est étenduë.

On doit ces progrès à quelques sages, à quelques génies répandus en petit nombre dans quelques parties de l'Europe ; presque tous longtems obscurs & souvent persécutés : ils ont éclairé & consolé la Terre, pendant que les guerres la désolaient. On peut trouver ailleurs des listes de tous ceux qui ont illustré l'Allemagne, l'Angleterre, l'Italie. Un étranger serait peut-être trop peu propre à apprécier le mérite de tous ces hommes illustres. Il suffit ici d'avoir fait voir que dans le siécle passé les hommes ont acquis plus de lumiéres d'un bout de l'Europe à l'autre que dans tous les âges précédents.

CHAPITRE CCXIII.
CATALOGUE DES ENFANS DE LOUIS XIV.
DES SOUVERAINS CONTEMPORAINS,
DES GENERAUX,
DES MINISTRES.

ENFANS DE LOUIS XIV.

IL épousa *Marie-Therèse* d'Autriche, née en 1638. fille unique de *Philippe IV.* de son premier mariage avec *Elisabeth* de France, & sœur de *Charles II.* & de *Marguerite-Thérèse*, que *Philippe IV.* eut de son second mariage avec *Marie-Anne* d'Autriche. Les nôces de *Louis CIV.* furent célébrées le 9. Juin 1660. & *Marie-Thérèse* mourut en 1683. Il eut d'elle,

LOUIS Dauphin, *Monseigneur*, né le

1. Novembre 1661. mort à Meudon le 14. Avril 1711. Rien n'était plus commun longtems avant la mort de ce Prince, que ce proverbe qui courait sur lui : *Fils de de Roi, pére de Roi, & jamais Roi.* L'événement semblait favoriser la crédulité de ceux qui ont foi aux prédictions ; mais ce mot n'était qu'une répétition de ce qu'on avait dit du pére de *Philippe de Valois*, & était fondé d'ailleurs sur la santé de *Louis XIV.* plus robuste que celle de son fils. Il eut de *Marie-Anne-Christine-Victoire* de Baviére, morte le 20. Avril 1690.

1. LOUIS, Duc de Bourgogne, né le 6. Août 1682. mort le 18. Février 1712. lequel eut de *Marie-Adélaïde* de Savoie, morte le 12. Février 1712. N. Duc de Bretagne, mort en 1705. LOUIS, Duc de Bretagne, mort en 1712. & LOUIS XV. né le 15. Février 1710.

2. Philippe, Duc d'Anjou, Roi d'Espagne, né le 19. Décembre 1683.

mort le 9. Juillet 1746.

3. CHARLES, Duc de Berri, né le 31. Août 1686. mort le 4. Mai 1714.

Louis XIV. eut encor deux fils & trois filles, mort jeunes.

Enfans naturels & légitimes.

Louis XIV. eut de Madame la Duchesse de *la Valiére*, laquelle s'étant rendue Religieuse Carmelite le 2. Juin 1674. fit profession le 4. Juin 1675, & mourut le 6 Juin 1710. âgée de 65. ans,

LOUIS de *Bourbon*, Comte de Vermandois, né le 2. Octobre 1667. mort en 1683.

MARIE-ANNE, dite *Mademoiselle de Blois*, née en 1666. mariée à *Louis-Armand* Prince de *Conti*, morte en 1739.

Autres Enfans naturels & légitimes.

LOUIS-AUGUSTE de *Bourbon*.

Duc du Maine, né le 31. Mars 1670. mort en 1736.

LOUIS-CESAR, Comte de Vexin, Abbé de St. Denis & de St. Germain des Prés, né en 1672. mort en 1683.

LOUIS-ALEXANDRE de *Bourbon*, Comte de Touloufe, né le 6. Juin 1678. mort en 1737.

LOUISE-FRANÇOISE de *Bourbon*, dite *Mademoifelle de Nantes*, née en 1673. mariée à *Louis III.* Duc de Bourbon Condé, morte en 1743.

LOUISE-MARIE de *Bourbon*, dite *Mademoifelle de Tours*, morte en 1681.

FRANÇOISE-MARIE de *Bourbon*, dite *Mademoifelle de Blois*, née en 1677. mariée à *Philippe II.* Duc d'Orléans Régent de France, morte en 1719.

Deux autres fils, morts jeunes.

SOUVERAINS CONTEMPORAINS.

Papes.

Barbárini URBAIN VIII. mort en 1644.
Ce fut lui qui donna aux Cardinaux le titre *d'Eminence*.

Pamfilo INNOCENT X.	1655
Chigi ALEXANDRE VII.	1667
Rospigliosi CLEMENT IX.	1669
Altiéri CLEMENT X.	1676
Odescalchi INNOCENT XI.	1689
Ottoboni ALLEXANDRE VIII.	1691
Pignatelli INNOCENT XII.	1700
Albani CLEMENT XI.	1721

Maison Ottomane.

IBRAHIM, mort en   1655

128 *Souverains*

MAHOMET IV.	1687
SOLIMAN III.	1691
ACHMET II.	1695
MUSTAPHA II.	1703
ACHMET III. déposé en	1730

Empereurs d'Allemagne.

FERDINAND III. mort en	1657
LEOPOLD I.	1705
JOSEPH I.	1711
CHARLES VI.	1740

Rois d'Espagne.

PHILIPPE IV. mort en	1665
CHARLES II.	1700
PHILIPPE V.	1746

Rois de Portugal.

Jean IV. Duc de *Bragance*;
   mort en   1656
Alphonse-Henri, détrôné en 1667,
   mort en 1683.
Pierre II.   1706
Jean V.   1750

Rois d'Angleterre, d'Ecosse & d'Irlande.

Charles I. mort en   1649
Charles II.   1685
Jacques II. détrôné en   1688
   mort en 1701.
Guillaume III.   1702
Anne *Stuart*.   1714
George I.   1727

Rois de Danemarck.

CHRISTIAN IV. mort en	1648
FREDERIC III.	1670
CHRISTIAN V.	1699
FREDERIC IV.	1730

Rois de Suéde.

CHRISTINE, morte en 1689. abdiqua en	1654
CHARLES-GUSTAVE, mort en	1660
CHARLES XI.	1697
CHARLES XII.	1718

Rois de Pologne.

LADISLAS SIGISMOND, mort en	1648
JEAN-CASIMIR, abd.	1667

Contemporains. 131

Michel Wiesnowiski, mort en	1673
Jean Sobieski.	1696
Frederic-Auguste, Electeur de Saxe.	1733
Stanislas.	

Rois de Prusse.

Frederic I. mort en	1713
Frederic-Guillaume	1740

Czars.

Michel-Foederowitz, mort en	1645
Alexis-Michælowitz.	1676
Foedor-Alexiowitz.	1682
{ Iwan-Alexiowitz.	1688
{ Pierre-Alexiowitz.	1725

MARÉCHAUX DE FRANCE

Morts sous Louis XIV.

Ou qui ont servi sous lui.

D'Albret (*César-Phœbus*) de la Maison des Rois de Navarre, Maréchal de France en 1653. Il ne fit point de difficulté d'épouser la fille de *Guénegaud* Trésorier de l'Epargne, qui fut une Dame d'un très-grand mérite, mort en 1676.

D'Alegre (*Yves*) ayant servi près de soixante ans sous *Louis XIV.* n'a été Maréchal qu'en 1724. mort en 1733.

D'Asfeld (*Claude-François Bidal*) s'acquit une grande réputation pour l'attaque & la défense des Places. Maréchal en 1734. m. en

D'Aubusson (*François de la Feuillade*) Maréchal en 1675. C'est lui qui par reconnaissance fit élever la statue de *Louis XIV*. à la Place des Victoires. m. en 1691. Son fils ne fut Maréchal que longtems après en 1725.

D'AUMONT (*Antoine*) petit-fils du célèbre *Jean* Maréchal d'*Aumont*, l'un des grands Capitaines de *Henri IV*. *Antoine* contribua beaucoup au gain de la bataille de Rhétel en 1650. Il eut le bâton de Maréchal pour récompense, & mourut en 1669.

DE BALINCOURT Maréchal, en 1746.

BARWICK (*Jacques Fitsjames* de) fils naturel du Roi d'Angleterre *Jacques II*. & d'une sœur du Duc de *Marlborowg*. Son pére le fit Duc de *Barwick* en Angleterre. Il fut aussi Duc en Espagne. Il le fut en France. Maréchal en 1706. tué au siége de Philisbourg en 1734.

BASSOMPIERRE (*François* de) né en 1579. homme très-connu ; mais l'on ignore assez communément qu'il fit revêtir de pierres à ses dépens le fossé du Cours la Reine. Maréchal en 1622. m. en 1646.

BELLEFONDS (*Bernardin , Gigaut* de) Maréchal en 1668. m. 1694.

DE BELLE-ISLE (*Louis-Charles-Auguste de Fouquet*) diftingué dans les guerres de 1701. Duc & Pair, Prince de l'Empire, Maréchal en 1741.

BEZONS (*Jacques Bazin* de) Maréchal en 1709. m. en 1733.

BIRON (*Armand-Charles de Gontaut* Duc de) qui a fait revivre le Duché de fa Maifon. Ayant fervi dans toutes les guerres de *Louis XIV.* & perdu un bras au fiége de Landau, n'a été Maréchal qu'en 1734.

BOUFFLERS (*Louis-François* Duc de) Maréchal en 1693. mort en 1711.

BOURG (*Elénor - Marie* du Maine Comte DU) gagna un combat important fous *Louis XIV.* & ne fut Maréchal qu'en 1725. m. en 1725.

BRANCAS (*Henri de Villars de Séreft*) ayant fervi longtems fous *Louis XIV.* fut Maréchal en 1734.

BREZÉ (*Urbin de Maillé Marquis*

de) beau-frére du Cardinal de *Riche-lieu*, Maréchal en 1632. Viceroi de Catalogne. m. en 1650.

BROGLIO (*Victor Maurice*) ayant servi dans toutes les guerres de *Louis XIV*. Maréchal en 1724. m. en 1727.

BROGLIO (*François-Marie* Duc de.) fils du précédent. L'un des meilleurs Lieutenans-Généraux dans les guerres de *Louis XIV*. Maréchal en 1734.

CASTELNAU (*Jacques* de) Maréchal en 1658. bleſſé à mort la même année au ſiége de Calais.

CATINAT (*Nicolas* de) Maréchal en 1693. Il mêla la Philoſophie aux talens de la guerre. Le dernier jour qu'il commanda en Italie, il donna pour mot *Paris & St. Gaſſien*, qui était le nom de ſa maiſon de campagne. Il y mourut en ſage après avoir refuſé le Cordon bleu en 1712.

CHAMILLI (*Noël Bouton* de) Il avait été au ſiége de Candie. Maréchal en 1703. m. en 1715.

CHATEAU-RENAUD (*François-*

Louis Rousselet de) Vice-amiral de France, grand homme de mer. Maréchal en 1703. m. en 1716.

CHAULNES (*Honoré d'Albret* Duc de) Maréchal en 1620. m. en 1649.

CHOISEUL (*Claude* de) troisiéme Maréchal de France de ce nom en 1693. m. en 1711.

CLAIRAMBAULT (*Philippe de Palluau* de) Maréchal en 1653. m. en 1665.

DE CLERMONT-TONNERRE, ayant servi dans la guerre de 1701. Maréchal en 1747.

COIGNI (*François de Franquetot*) longtems Officier général sous *Louis XIV*. Maréchal en 1734. a gagné deux batailles en Italie.

COLIGNI (*Gaspard* de) petit-fils de l'Amiral, Maréchal en 1622. tué en commandant les troupes rebelles sous le Comte de Soissons à la Marfée en 1646.

CREQUI (*François* de) Maréchal en 1668. mort avec la réputation d'un

homme

homme qui devait remplacer le Vicomte de *Turenne*, en 1687.

D'ETAMPES (*Jacques de la Ferté-Imbaut*) Maréchal en 1651. m. en 1668.

D'ETRÉES (*François Annibal* Duc) Maréchal en 1626. Ce qui eſt très-ſingulier, c'eſt qu'à l'âge de 93. ans il ſe remaria à Mlle. de *Manican* qui fit une fauſſe couche. Il mourut à plus de cent ans en 1670.

D'ETRÉES (*Jean*) Vice-Amiral en 1670. & Maréchal en 1681. m. en 1707.

D'ETRÉES (*Victor-Marie*) fils de *Jean d'Etrées*, Vice-Amiral de France comme ſon pére avant d'être Maréchal. Il eſt à remarquer qu'en cette qualité de Vice-Amiral de France il commandait les flotes Françaiſes & Eſpagnoles en 1701. Maréchal en 1703. m. en 1737.

DURAS (*Jacques-Henri de Durfort* de) neveu du Vicomte de *Turenne*, fait Maréchal en 1675. immédiatement après la mort de ſon oncle, m. en 1704.

DURAS (*Jean de Durfort* Duc de) Maréchal de camp sous *Louis XIV*. Maréchal de France en 1741.

FABERT (*Abraham*) Maréchal en 1658. On s'est obstiné à vouloir attribuer sa fortune & sa mort à des causes surnaturelles. Il n'y eut d'extraordinaire en lui que d'avoir fait sa fortune uniquement par son mérite, & d'avoir refusé le Cordon de l'Ordre, quoiqu'on le dispensât de faire des preuves. m. en 1662.

FARE (de la) fils du Marquis de *la Fare*, célèbre par ses poësies agréables: Officier dans la guerre de 1701. Maréchal en 1746.

FERTE-SENNETERRE (*Henri* Duc de *la*) Maréchal en 1651. m. en 1681.

FORCE (*Jacques Nompart de Caumont de la*) Maréchal en 1622. C'est celui qui échapa au massacre de la St. Barthelemi, & qui a écrit cet événement dans des Mémoires conservés dans sa maison. m. à 97. ans en 1652.

FOUCAULT (*Louis*) Comte de *Davgnon*, Maréchal en 1653. m. en 1659.

sous Louis XIV. 139

GASSION (*Jean* de) éléve du grand *Gustave*, Maréchal en 1643. Il était Calviniste. Il ne voulut jamais se marier, disant qu'il faisait trop peu de cas de la vie pour en faire part à quelqu'un. Tué au siége de Lens en 1647.

GRAMONT (*Antoine* de) Maréchal en 1641. m. en 1678.

GRAMONT (*Antoine* de) petit-fils du précédent, Maréchal en 1724. pére du Duc de *Gramont* tué à la bataille de Fontenoi. mort en 1725.

GRANCEI (*Jacques Rouxel* Comte de) Maréchal en 1651. m. en 1680.

GUEBRIANT (*Jean-Baptiste de Budes*) Maréchal en 1642. L'un des grands hommes de guerre de son tems. Tué en 1643. au siége de Rotweil, enterré avec pompe à Notre Dame.

HARCOURT (*Henri* Duc de) Maréchal en 1703. m. en 1718. Son fils Maréchal depuis en 1746.

HOCQUINCOURT (*Charles de Mouchi*) Maréchal en 1651. tué en servant les ennemis devant Dunkerque, en 1658.

G ij

HOPITAL (*Nicolas dé l'*) Capitaine des Gardes de *Louis XIII.* Maréchal en 1617. pour avoir tué le Maréchal d'*Ancre.* Mais il mérita d'ailleurs cette Dignité par de belles actions. On le compte parmi les Maréchaux de ce siécle, parce qu'il mourut sous *Louis XIV.* en 1644.

HUMIERES (*Louis de Crévan* Marquis d') Maréchal en 1688. m. en 1694.

JOYEUSE (*Jean Armand* de) Maréchal de France en 1693. m. en 1710.

D'ISENGHEIN, Officier sous *Louis XIV.* Maréchal en 1741.

LORGE (*Gui Alfonse de Durfort* de) neveu du Vicomte de *Turenne.* Maréchal en 1676. mort en 1702.

LUXEMBOURG (*François Henri de Montmorenci* Duc de) l'élève du grand *Condé.* Maréchal en 1675. Il y a eu sept Maréchaux de ce nom, indépendemment des Connétables, & depuis le onziéme siécle on n'a guères vu de régnes sans un homme de cette Maison à la tête des armées. m. en 1695.

LUXEMBOURG (*Chriſtian Louis de Montmorenci*) fils du précédent, ſignalé dans la guerre de 1701. Maréchal en 1747.

MAILLEBOIS, fils du Miniſtre d'Etat *Deſmarêts*, s'étant ſignalé dans toutes les occaſions pendant la guerre de 1701. fait Maréchal en 1741.

MARSIN, ou MARCHIN (*Ferdinand* Comte de) ayant paſſé du ſervice de la Maiſon d'Autriche à celui de France. Maréchal en 1703. tué à Turin en 1706.

DE MATIGNON (*Charles Auguſte Goion de Gacé*) Maréchal en 1708. mort en 1729.

MAULEVRIER-LANGERON Maréchal en 1745.

MEDAVI (*Jaques-Léonor Rouxel de Grancei* Comte de) n'a été fait Maréchal qu'en 1724. quoiqu'il eût gagné une bataille complette en 1706. mort en 1725.

DE LA MEILLERAIE (*Charles de*

la Porte) fait Maréchal en 1639. sous Louis XIII. qui lui donna le bâton de Maréchal sur la brêche de la ville d'Hédin. Il était Grand-Maître de l'Artillerie, & avait la réputation du meilleur Général pour les siéges. mort en 1664.

MONTESQUIOU (*Pierre* Comte *d'Artagnan*) Maréchal en 1709. mort en 1725.

MONTREVEL (*Nicolas Auguste de la Baume*) Maréchal en 1703. mort en 1716.

MOTE-HOUDANCOURT (*Philippe de la*) Maréchal en 1642. Il fut mis au Château de Pierre-en-Cise en 1643. & il est à remarquer qu'il n'y a aucun Général qui n'ait été emprisonné ou exilé sous les Ministéres de *Richelieu* & *Mazarin*. mort en 1657. Son petit-fils Maréchal en 1747.

NANGIS (*Louis Armand de Brichanteau*) servit avec distinction sous le Maréchal de *Villars* dans la guerre de 1701. Maréchal sous *Louis XV*. mort en

NAVAILLES (*Philippe de Montaud*

sous Louis XIV.

de Bénac Duc de) Maréchal en 1675. Commanda à Candie sous le Duc de *Beaufort* & après lui. mort en 1684.

NOAILLES (*Anne Jules* Duc de) Maréchal en 1693. Il se signala en Espagne où il gagna la bataille du Ter. mort en 1708.

NOAILLES (*Adrien-Maurice*) fils du précédent, Général d'armée dans le Roussillon en 1706. Grand d'Espagne en 1711. après avoir pris Gironne. Il n'a été Maréchal de France qu'en 1734. Il gouverna les finances en 1715. & a été depuis Ministre d'État.

PLESSIS-PRALIN (*César* Duc de *Choiseul* Comte de) Maréchal en 1645. Ce fut lui qui eut la gloire de battre le Vicomte de *Turenne* à Rhétel en 1650. mort en 1675.

PUISEGUR (*Jacques* de *Chastenet* de) Maréchal en 1734. fils de *Jacques* Lieutenant-Général sous *Louis XIII.* & *Louis XIV.* qui s'est acquis beaucoup de considération & qui laissa des Mémoires. Le Maréchal a écrit sur la guerre. C'était un homme que le Ministère consultait dans toutes affaires critiques.

RICHELIEU (*Louis François Armand du Plessis* Duc de) Brigadier sous *Louis XIV*. Général d'armée à Gênes. Maréchal en 1748. a pris l'Isle de Minorque sur les Anglais en 1756.

ROCHEFORT (*Henri-Louis* Marquis d'*Alongni* Marquis de) Maréchal en 1675. mort en 1676.

ROQUELAURE (*Antoine-Gaston-Jean-Baptiste* Duc de) Maréchal en 1724.

ROSEN (*Conrad* de) Général de *Jacques II.* en Irlande. Maréchal en 1703. m. en 1715.

SAINT-LUC (*Timoleon d'Epinai* de) fils du brave *Saint-Luc* dont l'éloge est dans *Brantome*. Maréchal en 1628. mort en 1644.

SCHOMBERG (*Fréderic Armand*) éléve de *Fréderic-Henri* Prince d'Orange. Maréchal en 1675. Duc de Mertola en Portugal, Gouverneur & Généralissime de Prusse, Duc & Général en Angleterre. Il étoit Protestant zélé, & quitta la France à la révocation de l'Edit de Nantes. Tué à la bataille de la Boine en 1690.

SCHULEMBOURG (*Jean* de) Comte de *Mondejeu*, originaire de Prusse. Maréchal en 1658. mort en 1671.

TALLARD (*Camille d'Ostun* Duc de) Ce fut lui qui conclut les deux Traités de partage. Maréchal en 1703. Ministre d'Etat en 1726. mort en 1728.

TESSE' (*René de Froullai*) Maréchal en 1703, mort en 1725.

TURENNE (*Henri de la Tour* Vicomte de) né en 1611. Maréchal de France en 1644. Maréchal-Général en 1660. mort en 1675.

VAUBAN (*Sébastien le Prêtre* Marquis de) Maréchal en 1703. mort en 1707.

VILLARS (*Louis Claude* Duc de) qui prit le nom d'*Hector*. Maréchal en 1702. Président du Conseil de guerre en 1718. Représenta le Connétable au sacre de *Louis XV.* en 1722. mort en 1734.

VILLEROI (*Nicolas de Neuville* Duc de) Gouverneur de *Louis XIV*. en 1646. Maréchal le même année. mort en 1685.

VILLEROI (*François de Neuville* Duc de) fils du précédent, Gouverneur de *Louis XV*. Maréchal en 1693. Son pére & lui ont été Chefs du Conseil des finances, titre sans fonction qui leur donnait entrée au Conseil. mort en 1730.

VIVONNE (*Louis-Victor de Rochechouart* Duc de) Gonfalonnier de l'Eglise, Général des Galères, Viceroi de Messine, Maréchal de France en 1675. On ne le compte point comme le premier Maréchal de la Marine, parce qu'il servit longtems sur terre. mort en 1688.

D'UXELLES (*Nicolas Châlon du Blé* Marquis) Maréchal en 1703. Président du Conseil des affaires étrangères en 1718. mort en 1730.

GRANDS AMIRAUX
DE FRANCE,

SOUS LE REGNE DE LOUIS XIV.

Armand DE MAILLÉ Marquis de BREZÉ, Grand-Maître, Chef & Surintendant-Général de la Navigation & du Commerce de France en 1643. tué sur mer d'un coup de canon le 14. Juin 1646.

ANNE D'AUTRICHE Reine Régente, Surintendante des Mers de France en 1646. Elle s'en démit en 1650.

César Duc de VENDOME & de *Beaufort*, Grand-Maître & Surintendant-Général de la Navigation & du Commerce de France en 1650.

François de VENDOME Duc de *Beaufort*, fils de *César*, tué au combat de Candie le 25. Juin 1679.

Louis de *Bourbon* Comte de VERMANDOIS, légitimé de France, Amiral au mois d'Août 1669. âgé de deux

148 *Grands Amiraux, &c.*
ans, mort en 1683.

Louis Alexandre de BOURBON, légitimé de France, Comte de TOULOUSE, Amiral en 1683. & mort en 1737.

GÉNÉRAUX DES GALÈRES DE FRANCE,

SOUS LE REGNE DE LOUIS XIV.

Armand Jean du Pleſsis Duc de RICHELIEU, Pair de France, en 1643. du vivant de *François* ſon pére, & ſe démit de cette Charge en 1661.

rançois Marquis de CREQUI lui ſuccéda, & ſe démit en 1669. un an après avoir été nommé Maréchal de France.

Louis Victor de ROCHECHOUART, Comte, puis Duc de VIVONNE, Prince de Tonnai-Charente, en 1669.

Louis de ROCHECHOUARR Duc de MORTEMAR, en ſurvivance de ſon pére, mort le 3. Avril 1688.

Louis Auguſte de BOURBON, légitimé de France, Prince de Dombes, Duc du MAINE & d'Aumale, en 1688. & s'en démit en 1694.

150 *Généraux des Galères.*

Louis Joseph Duc de VENDOME, en 1694. mort en 1712.

René Sire de FROULLAI Comte de TESSÉ, Maréchal de France en 1712. & s'en démit en 1716.

Le Chevalier D'ORLEANS, en 1716. mort en 1748; après lui cette Dignité a été réunie à l'Amirauté.

CHANCELIERS.

Charles de L'AUBEPINE DE CHATEAUNEUF Garde des Sceaux, mort en   1653

Pierre SEGUIER.   1672

Matthieu MOLÉ Garde des Sceaux.   1656

Etienne D'ALIGRE.   1677

Michel le TELLIER.   1685

Louis BOUCHERAT.   1699

Louis PHELIPEAUX DE PON- CHARTRAIN meurt en 1727. exerce jufqu'en   1714

Daniel François VOISIN.   1717

MINISTRES.

Jules MAZARIN Cardinal, premier Ministre, mort en 1661.

SURINTENDANS
DES FINANCES.

Cl. Boutillier, mort en   1651

Abel Servien.   1659

Cl. de Mesmes, Comte d'A-
vaux. mort en   1650

Nicolas Bailleul.   1652

Charles de la Vieuville.   1653

Emeri (son nom était *Michel Perticelli.*)

René de Longueil de Maisons.   1677

Nicolas Fouquet. *   1680

* La Charge de Surintendant des Finances fut supprimée, lorsque *N. Fouquet* fut arrêté.

SECRETAIRES D'ÉTAT.

Henri Auguste de LOMENIE de BRIENNE, mort en	1666
Cl. BOUTHILLIER, Surintendant.	1651
Louis PHELIPEAUX *de la Vrilliére*.	1681
Abel SERVIEN, Surintendant.	1659
Leon BOUTHILLIER DE CHAVIGNI.	1652
Fr. SUBLET DES NOYERS, Surintendant des Bâtimens.	1645
H. de GUENEGAUD DE PLANCI.	1676
Michel LE TELLIER, Chancelier.	1685
Louis PHELIPEAUX *de la Vrilliére*, se démet en	1669
Hugues de LIONNE.	1671
Henri Louis de LOMENIE DE BRIENNE.	1683

Secrétaires d'Etat.

Jean-Bapt. COLBERT, Controlleur-général. mort en	1683
Jean-Bapt. COLBERT DE SEIGNELAI.	1690
Fr. Michel LE TELLIER DE LOUVOIS.	1691
Ch. COLBERT DE CROISSI.	1696
Sim. ARNAULD DE POMPONE.	1699
Balt. PHELIPEAUX DE CHATEAUNEUF.	1700
Louis Fr. Marie LE TELLIER DE BARBESIEUX.	1701
Louis PHELIPEAUX DE PONTCHARTRAIN, Chancelier	1727
Dan. Fr. VOISIN, Chancelier.	1717
Louis PHELIPEAUX DE LA VRILLIERE.	1725
Michel CHAMILLARD, Controlleur-Général des finances.	1721

156 *Secretaires d'Etat.*

Jérome PHELIPEAUX DE PONT-
CHARTRAIN, se démet en
1715. mort en   1747

J. *Bapt.* COLBERT DE TORCI. 1746

CHAPITRE CCXIV.
CATALOGUE

DE LA PLUPART DES ECRIVAINS FRANÇAIS QUI ONT PARU DANS LE SIÉCLE DE LOUIS XIV. POUR SERVIR A L'HISTOIRE LITTÉRAIRE DE CE TEMS.

ABADIE (*Jacques*) né en Béarn en 1658. célèbre par son Traité *de la Religion Chrétienne*; mais qui fit tort ensuite à cet ouvrage par celui de *l'ouverture des sept sceaux*. Mort en Irlande en 1727.

ABADIE ou LABADIE (*Jean*) né en Guienne en 1610. Jésuite, puis Janséniste, puis Protestant: voulut enfin faire une secte, & s'unir avec la *Bourignon*, qui lui répondit que chacun avait son St. Esprit, & que le sien était fort supérieur à celui d'*Abadie*. On a de lui trente & un volumes de fanatisme. On n'en parle ici que pour montrer l'aveuglement de l'esprit humain. Il ne laissa pas d'avoir des disciples. m. à Altena en 1674.

ABLANCOURT (*Nicolas Perrot d'*) d'une ancienne famille du Parlement de Paris, né à Vitri en 1606. Traducteur élégant, & dont on appella chaque traduction *la belle infidelle*. Mort pauvre en 1664.

ACHERI (*Luc d'*) Bénédictin, grand & judicieux compilateur, né en 1608. m. en 1685.

Alexandre (*Noël*) né à Rouen en 1639. Dominicain. Il a fait beaucoup d'ouvrages de Théologie, & disputé beaucoup sur les usages de la Chine contre les Jésuites qui en revenaient. m. en 1724.

AMELOT DE LA HOUSSAIE (*Nicolas*) né à Orléans en 1634. Ses traductions avec des notes politiques & ses histoires sont fort recherchées; ses *Mémoires* par ordre alphabétique sont très fautifs. Il est le premier qui ait fait connaître le gouvernement de Venise. Son histoire déplut au Sénat, qui était encor dans l'ancien préjugé qu'il y a des mistères politiques qu'il ne faut pas revéler. On a apris depuis qu'il n'y a plus de mistères, & que la politique consiste à être riche, & à entretenir de bonnes armées. *Amelot* traduisit & commenta le *Prince* de *Machiavel*, livre longtems cher aux petits Seigneurs qui se disputaient de petits Etats mal gouvernés, devenu inutile dans un tems où tant de grandes Puissances toûjours armées étouffent l'ambition des faibles. *Amelot* se croyait le plus grand politique de l'Europe ; cependant il ne sut jamais se tirer de la médiocrité, & il mourut dans la misère ; c'est qu'il était politique par son esprit & non par son caractère. m. en 1706.

AMELOTTE (*Denis*) né en Saintonge en 1606. de l'Oratoire. Il est principalement connu par un assez bonne version du nouveau Testament. m. en 1678.

AMONTONS (*Guillaume*) né à Paris en 1663 excellent Mécanicien. m. en 1699.

ANCILLON (*David*) né à Metz en 1617. Calviniste, & son fils *Charles* mort à Berlin en 1725. ont eu quelque réputation dans la Littérature.

ANSELME, Moine Augustin, le premier qui ait fait une histoire généalogique des grands Officiers de la Couronne, continuée & augmentée par *du Fourni* Auditeur des Comptes. On a une notion très vague de ce qui constituë les grands Officiers. On s'imagine que ce sont ceux à qui leur Charge donne le titre de *Grand*, comme *Grand Ecuyer*, *Grand Echanson*. Mais le Connétable, les Maréchaux, le Chancelier, sont grands Officiers, & n'ont point ce titre de *Grand*, & d'autres qui l'ont ne sont point réputés grands Officiers. Les Capitaines des Gardes, les premiers Gentilshommes de la Chambre, sont devenus réellement de grands Officiers, & ne sont pas comptés par le Pére *Anselme*. Rien n'est décidé sur cette matiére, & il y a autant de confusion & d'incertitude sur tous les droits & sur tous

tous les titres en France, qu'il y a d'ordre dans l'administration. m. en 1694,

ARNAULD (*Antoine*) vingtième fils de celui qui plaida contre les Jésuites, Docteur de Sorbonne, né en 1612. Rien n'est plus connu que son éloquence, son érudition & ses disputes, qui le rendirent si célèbre & en même tems si malheureux, selon les idées ordinaires qui mettent le malheur dans l'exil & dans la pauvreté, sans considérer la gloire, les amis & une vieillesse saine, qui furent le partage de cet homme fameux. Il est dit dans le Supplément au *Moreri*, qu'*Arnauld* en 1689. pour avoir les bonnes graces de la Cour fit un libelle contre le Roi *Guillaume*, intitulé *le vrai portrait de Guillaume Henri de Nassau, nouvel Absalon, nouvel Hérode, nouveau Cromvel, nouveau Néron*. Ce stile qui ressemble à celui du Pére *Garasse*, n'est guère celui d'*Arnauld*. Il ne songea jamais à flatter la Cour. *Louis XIV*. eût fort mal reçu un livre si grossiérement intitulé, &

ceux qui attribuent cet ouvrage & cette intention au fameux *Arnauld* ne favent pas qu'on ne réuffit point à la Cour par des livres. m. à Bruxelles en 1694.

ARNAULD-D'ANDILLY (*Robert*) frére aîné du précédent, né en 1588. l'un des grands Ecrivains de Port-Royal. Il préfenta à *Louis XIV*. à l'âge de 85. ans, fa traduction de *Jofephe*, qui de tous fes ouvrages eft le plus recherché. Il fut pére de *Simon Arnauld*, Marquis de *Pompone*, Miniftre d'Etat ; & ce Miniftre ne put empêcher ni les difputes, ni les difgraces de fon oncle le Docteur de Sorbonne. m. en 1674.

AUBIGNAC (*François* d') né en 1604. Il n'eut jamais de maître que lui-même. Attaché au Cardinal de *Richelieu*, il était l'ennemi de *Corneille*. Sa *Pratique des Théatres* eft encor luë ; mais il prouva par fa tragédie de *Zénobie*, que les connaiffances ne donnent pas les talens. m. en 1676.

AUBRI (*Antoine*) né en 1616.

On a de lui les vies des Cardinaux de *Richelieu* & de *Mazarin*; ouvrages médiocres, mais dans lesquels on peut s'instruire. m. en 1695.

La Comtesse d'AUNOI. Son *Voyage* & ses *Mémoires d'Espagne*, & quelques Romans écrits avec légéreté, lui firent quelque réputation. m. en 1705.

D'AVRIGNI, Jésuite, auteur d'une nouvelle manière d'écrire l'Histoire. On a de lui des *Annales Chronologiques depuis 1601. jusqu'à 1715.* On y voit ce qui s'est passé de plus important dans l'Europe, exactement discuté, & en peu de mots; les dattes sont exactes. Jamais on n'a mieux sçu discerner le vrai, le faux, & le douteux. Il a fait aussi des *Mémoires Ecclésiastiques*; mais ils sont malheureusement infectés de l'esprit de parti. *Marcel* & lui ont été tous deux effacés par l'*Histoire Chronologique de France* du Président *Henaut*, l'ouvrage à la fois le plus court & le plus plein que nous ayons en ce

H ij

genre, & le plus commode pour les lecteurs.

BAILLET (*Adrien*) né près de Beauvais en 1649. Critique célèbre. m. en 1706.

BALUZE (*Etienne*) du Limousin, né en 1631. C'est lui qui a formé le recueil des manuscrits de la Bibliothéque de *Colbert*. Il a travaillé jusqu'à l'âge de quatre-vingt-huit ans. On lui doit sept volumes d'anciens monumens. Exilé pour avoir soûtenu les prétentions du Cardinal de *Bouillon*, qui se croyait indépendant du Roi, & qui fondait son droit sur ce qu'il était né d'un Prince souverain, dans le tems que Sédan appartenait encor à ce Prince. m. en 1718.

BALZAC (*Jean Louis*) né en 1594. Homme éloquent, & le premier qui fonda un prix d'éloquence. Il eut le brevet d'Historiographe de France & de Conseiller d'Etat, qu'il appellait de magnifiques bagatelles. m. en 1654.

BARBEIRAC (*Jean*) né à Béziers en 1674. Calviniste, Professeur en Droit & en Histoire à Lausanne, traducteur & commentateur de *Puffendorff* & de *Grotius*. Il semble que ces *Traités du Droit des Gens, de la Guerre & de la Paix*, qui n'ont jamais servi ni à aucun Traité de paix, ni à aucune déclaration de guerre, ni à assûrer le droit d'aucun homme, soient une consolation pour les Peuples, des maux qu'ont fait la politique & la force. Il donnent l'idée de la justice, comme on a les portraits des personnes célèbres qu'on ne peut voir. m. en 1729.

BARBIER DAUCOURT (*Jean*) connu chez les Jésuites sous le nom de *l'Avocat Sacrus*, & dans le monde par sa *Critique des entretiens du Pére Bouhours*, & par l'excellent plaidoyer pour un homme innocent appliqué à la question. Il fut longtems protégé par *Colbert*, qui le fit Controlleur des bâtimens du Roi; mais ayant perdu son protecteur, il mourut dans la misère en 1694.

BARBIER (*Mademoiselle*) a fait

H iij

quelques Tragédies.

BARON (*Michel*) On ne croit pas que les piéces qu'il donna sous son nom soient de lui. Son mérite plus reconnu était dans la perfection de l'art du Comédien, perfection très rare, & qui n'apartint qu'à lui. Cet art demande tous les dons de la Nature, une grande intelligence, un travail assidu. Voila pourtant ce qu'on s'obstine à méprifer. Les Prédicateurs venaient souvent à la Comédie dans une loge grillée étudier *Baron*, & de-là ils allaient déclamer contre la Comédie. C'est la coûtume, que les Confesseurs exigent des Comédiens mourants, qu'ils renoncent à leur profession. *Baron* avait quitté le Théatre en 1691. par dégout. Il y avait remonté en 1720. à l'âge de soixante-huit ans, & il y fut encor admiré jusqu'en l'année 1729. Il était alors âgé de près de soixante & dix huit ans ; il se retira encor, & mourut la même année, en protestant qu'il n'avait jamais eu le moindre scrupule d'avoir déclamé devant le public les chefs-d'œuvre de génie & de morale des grands Auteurs de la Nation ; & que rien n'est plus impertinent que d'attacher de la honte à réciter ce qu'il est glorieux de composer.

BASNAGE (*Jacques*) né à Rouen en 1653. Calviniste, Pasteur à la Haie, plus propre à être Ministre d'Etat que d'une Paroisse. De tous ses livres, son *Histoire des Juifs, des Provinces-Unies* & *de l'Eglise*, sont les plus estimés. Les livres sur les affaires du tems meurent avec les affaires ; les ouvrages d'une utilité générale subsistent. m. en 1723.

BASNAGE DE BEAUVAL (*Henri*) de Rouen, Avocat en Hollande, mais encor plus Philosophe, qui a écrit *de la tolérance des Religions*. Il était laborieux ; & nous avons de lui le *Dictionnaire de Furetière* augmenté. m. en 1710.

BASSOMPIERRE (*François* Maréchal de ; Quoique ses Mémoires appartiennent au siécle précédent, on peut le compter dans cette liste, étant mort en 1646.

BAUDRAN (*Michel*) né à Paris en 1633. Géographe, mais moins eftimé que *Samfon*. m. en 1700.

BAYLE (*Pierre*) né au Carlat dans le Comté de Foix en 1647. retiré en Hollande plutôt comme Philofophe que comme Calvinifte, perfécuté pendant fa vie par *Jurieu*, & après fa mort par les ennemis de la Philofophie. S'il avait prévu combien fon *Dictionnaire* ferait recherché, il l'aurait rendu encor plus utile, en retranchant les noms obfcurs, & en y ajoûtant plus de noms illuftres. C'eft par fon excellente manière de raifonner qu'il eft furtout recommandable, non par fa manière d'écrire trop fouvent diffufe, lâche, incorrecte, & d'une familiarité qui tombe quelquefois dans la baffeffe; Dialecticien admirable, plus que profond Philofophe : il ne favait prefque rien en Phyfique. Il ignorait les découvertes du grand *Newton*. Prefque tous fes articles philofophiques fuppofent ou combattent un Cartéfianifme qui ne subsiste plus. Il ne connaissait d'autre définition de la matière que l'étendue. Ses autres proprietés reconnues ou soupçonnées ont fait naître enfin la vraie Philosophie. On a eu des démonstrations nouvelles, & des doutes nouveaux : de sorte qu'en plus d'un endroit le sceptique *Bayle* n'est pas encor assez sceptique. Il a vécu & il est mort en sage. *Des-Maiseaux* a écrit sa vie en un gros volume ; elle ne devait pas contenir six pages : la vie d'un Ecrivain sédentaire est dans ses écrits. m. en 1706.

BEAUMONT DE PÉRÉFIXE (*Hardouin*) Précepteur de *Louis XIV*. Archevêque de Paris. Son *Histoire de Henri IV*. qui n'est qu'un abrégé, fait aimer ce grand Prince, & est propre à former un bon Roi. Il la composa pour son élève. On crut que *Mézerai* y avait eu part : en effet il s'y trouve beaucoup de ses manières de parler ; mais *Mézerai* n'avait pas ce stile touchant & digne en plusieurs endroits du Prince dont *Péréfixe* écrivait la vie, & de celui à qui il l'adressait. Les excellens conseils qui s'y trouvent pour gouverner par soi-même, ne furent insérés que dans la seconde édition après la mort du Cardinal *Mazarin*. On apprend d'ailleurs à connaître *Henri IV*. beaucoup plus dans cette histoire que dans celle de *Daniel*, écrite un peu séchement, & où il est trop parlé du Pére Coton, & trop peu des grandes qualités de *Henri IV*. & des particularités de la vie de ce bon Roi. *Péréfixe* émeut tout cœur né sensible, & fait adorer la mémoire de ce Prince, dont les faiblesses n'étaient que celles d'un homme aimable, & dont les vertus étaient celles d'un grand homme. m. en 1670.

DE BEAUSOBRE (*Isaac*) né à Niort en 1659. d'une maison distinguée dans la profession des armes, l'un de ceux qui ont fait honneur à leur patrie qu'ils ont été forcés d'abandonner. Son *Histoire du Manichéisme* est un des livres les plus profonds, les plus curieux & les mieux écrits. On y dévelope cette Religion Philosophique de *Manès*, qui était la suite des dogmes de l'ancien *Zoroaftre* & de l'ancien *Hermès*, Religion qui féduifit longtems *St. Auguftin*. Cette hiftoire eft enrichie de connaiffances de l'Antiquité; mais enfin ce n'eft (comme tant d'autres livres moins bons) qu'un recueil des erreurs humaines. m. à Berlin en 1738.

BENSERADE (*Ifaac* de) né en Normandie en 1612. Sa petite maifon de Gentilli, où il fe retira fur la fin de fa vie, était remplie d'infcriptions en vers, qui valaient bien fes autres ouvrages. C'eft dommage qu'on ne les ait pas recueillies. m. en 1691.

BERGIER (*Nicolas*) a eu le titre d'Hiftoriographe de France ; mais il eft plus connu par fa curieufe *Hiftoire des grands chemins de l'Empire Romain*, furpaffés aujourd'hui par les nôtres en beauté, & non pas en folidité. Son fils mit la dernière main à cet ouvrage utile, & le fit imprimer fous *Louis XIV*. m. en 1623.

BERNARD (*Mademoiselle*) a fait quelques piéces de Théatre, conjointement avec le célèbre *Bernard de Fontenelle*. Il est bon d'observer que la *Fable allégorique de l'imagination & du bonheur*, qu'on a imprimée sous son nom, est de l'Evêque de Nîmes *la Parisiére* successeur de *Fléchier*.

BERNARD (*Jacques*) de Dauphiné, né en 1658. Savant Littérateur. Ses Journaux ont été estimés. m. en Hollande en 1718.

BERNIER (*François*) surnommé *le Mogol*, né à Angers vers l'an 1625. Il fut huit ans Médecin de l'Empereur des Indes. Ses *Voyages* sont curieux. Il voulut avec *Gassendi* renouveller en partie le système des Atomes d'*Epicure*, en quoi certes il avait très grande raison ; les espèces ne pouvant être toujours réproduites les mêmes, si les premiers principes ne sont invariables : mais alors les Romans de *Descartes* prévalaient. Mort vrai Philosophe en 1688.

BIGNON (*Jerome*) né en 1590. Il a laissé un plus grand nom que de grands ouvrages. Il n'était pas encor du bon tems de la Littérature. Le Parlement, dont il fut Avocat-général, chérit avec raison sa mémoire. m. en 1656.

BILLAUT (*Adam*) connu sous le nom de MAITRE ADAM Menuisier de Nevers. Il ne faut pas oublier cet homme singulier, qui sans aucune littérature devint Poëte dans sa boutique. On ne peut s'empêcher de citer de lui ce Rondeau, qui vaut mieux que beaucoup de Rondeaux de *Benserade*.

Pour te guérir de cette sciatique,
Qui te retient, comme un paralitique,
Entre deux draps sans aucun mouvement;
Pren-moi deux brocs d'un fin jus de sarment;
Puis li comment on le met en pratique.
Prens-en deux doigts, & bien chauds les
   applique,
Sur l'épiderme où la douleur te pique,
Et tu boiras le reste promptement,
      Pour te guérir.

Sur cet avis ne sois point hérétique;
Car je te fais un serment autentique;
Que si tu crains ce doux médicament,
Ton Médecin pour ton soulagement
Fera l'essai de ce qu'il communique,
      Pour te guérir.

Il eut des pensions du Cardinal de *Richelieu*, & de *Gaston* frere de *Louis XIII*. mort en 1662.

BOCHART (*Samuel*) né à Rouen en 1599. Calviniste, un des plus savans hommes de l'Europe dans les langues & dans l'histoire. Il fut un de ceux qui allèrent en Suéde instruire & admirer la Reine *Christine*. m. en 1667.

BOILEAU DESPREAUX (*Nicolas*) de l'Académie, né au village de Crone auprès de Paris en 1636. Il essaya du Barreau, & ensuite de la Sorbonne. Dégouté de ces deux chicanes, il ne se livra qu'à son talent, & devint l'honneur de la France. On a tant commenté ses ouvrages qu'un éloge serait ici superflu. m. en 1711.

BOILEAU (*Gilles*) né à Paris en 1631. frère aîné du fameux *Boileau*. Il a fait quelques traductions qui valent mieux que ses vers. m. en 1669.

BOILEAU (*Jacques*) autre aîné de *Despréaux*, Docteur de Sorbonne : esprit bizarre, qui a fait des livres bizarres, écrits dans un Latin extraordinaire, comme *l'histoire des Flagellans, les attouchemens impudiques, les habits des Prêtres*, &c. m. en 1716.

BOISROBERT (*François* LE METEL) plus célèbre par sa faveur auprès du Cardinal de *Richelieu*, & par sa fortune, que par son mérite. Il composa dix-huit pièces de Théatre, qui ne réussirent guères qu'auprès de son patron. m. en 1662.

BOIVIN (*Jean*) né en Normandie en 1633 frère de *Louis Boivin*, & utile comme lui pour l'intelligence des beautés des Auteurs Grecs. m. en 1726.

L'Abbé DU BOS. Son *Histoire de la Ligue de Cambrai* est profonde, politique, intéressante ; elle fait connaître les usages & les mœurs du tems, & est un modéle en ce genre. Tous les Artistes lisent avec fruit ses *Réflexions sur la Poësie, la Peinture & la Musique*. C'est le livre le plus utile en ce genre qu'on ait jamais écrit sur ces matiéres chez aucune des Nations de l'Europe. Ce qui fait la bonté de cet ouvrage, c'est qu'il n'y a que peu d'erreurs & beaucoup de réflexions vraies, nouvelles & profondes. Ce n'est pas un livre méthodique ; mais l'Auteur pense & fait penser. Il ne savait pourtant pas la Musique ; il n'avait jamais pu faire de vers, & n'avait pas un tableau. Mais il avait beaucoup lû, vû, entendu & réfléchi. m. en 1742.

BOSSU (*René* LE) né à Paris en 1631. Chanoine régulier de Ste. Geneviéve. Il voulut concilier *Aristote* avec *Descartes* ; il ne savait pas qu'il fallait les abandonner l'un & l'autre. Son *Traité sur le Poëme épique* a beaucoup de réputation, mais il ne fera jamais de Poëtes. m. en 1680.

BOSSUET (*Jacques Benigne*) de Dijon, né en 1627. Evêque de Condom, & ensuite de Meaux. On a de lui cinquante-un ouvrages ; mais ce sont ses *Oraisons funèbres*, & son *Discours sur l'Histoire universelle*; qui l'ont conduit à l'immortalité. On a imprimé plusieurs fois que cet Evêque a vécu marié, & *St. Hyacinthe*, connu par la part qu'il eut à la petite plaisanterie de *Matanasius*, a passé pour son fils ; mais il n'y en a jamais eu la moindre preuve. Une famille considérée dans Paris, & qui a produit des personnes de mérite, assûre qu'il y eut un contrat de mariage secret entre *Bossuet* encor très-jeune, & Mlle. *des Vieux* ; que cette Dlle. fit le sacrifice de sa passion & de son état à la fortune que l'éloquence de son amant devait lui procurer dans l'Eglise ; qu'elle consentit à ne jamais se prévaloir de ce contrat, qui ne fut point suivi de la célébration ; que *Bossuet* cessant ainsi d'être son mari, entra dans les Ordres ; & qu'après la mort du Prélat ce fut cette même famille qui régla les reprifes & les conventions matrimoniales. Jamais cette Dlle. n'abufa, dit cette famille, du fecret dangereux qu'elle avait entre les mains. Elle vécut toujours l'amie de l'Evêque de Meaux dans une union févère & refpectée. Il lui donna de quoi acheter la petite terre de Mauléon à cinq lieues de Paris. Elle prit alors le nom de *Mauléon*, & a vécu près de cent années. Au refte on prétend que ce grand homme avait des fentimens philofophiques différens de fa Théologie, à-peu-près comme un favant Magiftrat qui jugeant felon la lettre de la loi s'éléverait quelquefois en fecret au-deffus d'elle par la force de fon génie. m. en 1704.

BOUCHENU DE VALBONNAIS (*Jean Pierre*) né à Grenoble en 1651. Il voyagea dans fa jeuneffe, & fe trouva fur la flote d'Angleterre à la bataille de Solbaye. Il fut depuis premier Préfident de la Chambre des Comptes du Dauphiné. Sa mémoire eſt chère à Grenoble pour le bien qu'il y fit, & aux gens de lettres pour ſes grandes recherches. Ses *Mémoires ſur le Dauphiné* furent compoſés dans le tems qu'il était aveugle, & ſur les lectures qu'on lui faiſait. m. en 1730.

BOUDIER, auteur de quelques vers naturels. Il fit en mourant à quatre-vingt-ſix ans ſon épitaphe :

J'étais Poëte, Hiſtorien ;
Et maintenant je ne fais rien.

BOUHIER, Préſident du Parlement de Dijon. Son érudition l'a rendu célèbre. Il a traduit en vers Français quelques morceaux d'anciens Poëtes Latins. Il penſait qu'on ne doit pas les traduire autrement ; mais ſes vers font voir combien c'eſt une entrepriſe difficile.

BOUHOURS (*Dominique*) Jéſuite, né à Paris en 1628. La Langue & le bon goût lui ont beaucoup d'obligations. Il a fait quelques bons ouvrages, dont on a fait de bonnes critiques : *ex privatis odiis respublica crescit.*

La vie de *St. Ignace de Loïola* qu'il composa, n'a pas beaucoup réussi chez les gens du monde, & celle de *St. François Xavier* a essuié des contradictions; mais ses *Remarques sur la Langue*, & surtout sa *Manière de bien penser sur les ouvrages d'esprit*, seront toujours utiles aux jeunes gens qui voudront se former le goût: il leur enseigne à éviter l'enflure, l'obscurité, le recherché & le faux : s'il juge trop sévèrement en quelques endroits le *Tasse* & d'autres Auteurs Italiens, il les condamne souvent avec raison. Son stile est pur & agréable. Ce petit livre de la *manière de bien penser* blessa les Italiens, & devint une querelle de nation ; on sentait que les opinions de *Bouhours* appuyées de celles de *Boileau*, pouvaient tenir lieu de Loix. Le Marquis *Orsi*, & quelques autres composèrent deux très-gros volumes pour justifier quelques vers du *Tasse*.

Remarquons que le Père *Bouhours*

ne serait guère en droit de reprocher des pensées fausses aux Italiens, lui qui compare *Ignace de Loïola* à *César*, & *François Xavier* à *Alexandre*, s'il n'était tombé rarement dans ces fautes.

BOUILLAUD *Ismaël*) de Loudun, né en 1605. savant dans l'Histoire & dans les Mathématiques. m. en 1694.

Le Comte de BOULAINVILLIERS de la Maison de *Crouy* : le plus savant Gentilhomme du Royaume dans l'Histoire, & le plus capable d'écrire celle de France, s'il n'avait pas été trop sistématique. Il appelle le gouvernement féodal *le chef-d'œuvre de l'esprit humain*. Il regrette les tems, où les peuples esclaves de petits Tyrans ignorans & barbares, n'avaient ni industrie, ni commerce, ni proprieté ; & il croit qu'une centaine de Seigneurs, oppresseurs de la Terre & ennemis d'un Roi, composaient le plus parfait des Gouvernemens. Malgré ce systême, il était excellent citoyen ; comme, malgré son faible pour l'Astrologie judiciaire, il étoit Philosophe, de cette Philosophie qui compte la vie pour peu de chose, & qui méprise la mort. Ses écrits, qu'il faut lire avec précaution, sont profonds & utiles. On a imprimé à la fin de ses ouvrages un gros Mémoire *pour rendre le Roi de France plus riche que tous les autres Monarques ensemble.* Il est évident que cet ouvrage n'est pas du Comte de *Boulainvilliers.* m. vers l'an 1720.

BOURDALOUE, né à Bourges en 1632. Jésuite. Le premier modèle des bons Prédicateurs en Europe. m. en 1704.

BOURSAULT (*Edmond*) né en Bourgogne en 1638. Ses *Lettres à Babet*, estimées de son tems, sont devenues, comme toutes les Lettres dans ce goût, l'amusement des jeunes Provinciaux. On joue encor sa Comédie d'*Esope.* m. en 1701.

BOURSEIS (*Amable*) né en Auvergne en 1606. Auteur de plusieurs ouvrages de politique & de controverse. *Silhon* & lui sont soupçonnés d'avoir compofé le *Teftament politique* attribué au Cardinal de Richelieu. m. en 1672.

BREBEUF (*Guillaume*) né en Normandie en 1638. Il eft connu par fa *traduction de la Pharfale* ; mais on ignore communément qu'il a fait *le Lucain travefti*. m. en 1661.

BRETEUIL, Marquife du Chaftelet (*Gabrielle Emilie*) née en 1706. Elle a éclairci *Leibnitz*, traduit & commenté *Newton*, mérite fort inutile à la Cour, mais révéré chez toutes les Nations qui fe piquent de favoir, & qui ont admiré la profondeur de fon génie & fon éloquence. De toutes les femmes qui ont illuftré la France, c'eft celle qui a eu le plus de véritable efprit, & qui a moins affecté le bel efprit. m. en 1749.

BRIENNE (*Henri Augufte de Loménie* de) Sécretaire d'Etat. Il a laiffé des *Mémoires*. Il ferait utile que les Miniftres en écriviffent, mais tels que ceux qui font rédigés depuis peu fous le nom du Duc *de Sully*. m. en 1666.

La Bruiere (*Jean*) né à Dourdan en 1644. Il est certain, qu'il peignit dans ses *Caractères* des personnes connuës & considérables. Son livre a fait beaucoup de mauvais imitateurs. m. en 1696.

L'Abbé de Bruis, né en Languedoc en 1639. Dix volumes de controverse qu'il a faits, auraient laissé son nom dans l'oubli ; mais la petite Comédie du *Grondeur*, supérieure à toutes les farces de *Moliére*, & celle de l'*Avocat Patelin*, ancien monument de la naïveté Gauloise qu'il rajeunit, le feront connaître tant qu'il y aura en France un Théatre. *Palaprat* l'aida dans ces deux jolies pièces. Ce sont les seuls ouvrages de génie que deux Auteurs ayent jamais composés ensemble. m. en 1723.

On croit devoir relever ici un fait très-singulier qui se trouve dans un *Recueil d'Anecdotes Littéraires*, *du tems de Louis XIV.* res, 1750. chez *Durand*, tome second, pag. 369. Voici les paroles de l'Auteur ; *Les amours de Louis XIV.* ayant été joués en Angleterre, *Louis XIV.* voulut faire jouer aussi celles du Roi Guillaume. *L'Abbé Brueys fut chargé par Mr. de Torci de faire la piéce ; mais quoiqu'aplaudie, elle ne fut pas jouée.*

Remarquez que ce *Recueil d'Anecdotes*, qui est rempli de pareils contes, est imprimé avec approbation & privilège ; jamais on ne joua les amours de *Louis XIV.* sur aucun Théatre de Londres ; & on sait que le Roi *Guillaume* n'eut jamais de maîtresses. Quand il en aurait eu, *Louis XIV.* était trop attaché aux bienséances pour ordonner qu'on fît une Comédie des amours de *Guillaume*. Mr. *de Torci* n'était pas homme à proposer une chose si impertinente. Enfin l'Abbé *Brueys* ne songea jamais à composer ce ridicule ouvrage qu'on lui attribue. On ne peut trop répéter que la plupart de ces recueils d'anecdotes, de ces *ana*, de ces Mémoires secrets, dont le public est innondé, ne font que des compilations faites au hazard par des Ecrivains mercenaires.

BRUMOI, Jésuite. Son *Théatre des Grecs* passe pour le meilleur ouvrage qu'on ait en ce genre. Il a prouvé par ses Poësies, qu'il est bien plus aisé de traduire & de louer les Anciens, que d'égaler par ses propres productions les grands modernes. On peut d'ailleurs lui reprocher de n'avoir pas assez senti la supériorité du Théatre Français sur le Grec, & la prodigieuse différence qui se trouve entre le *Misantrope* & les *Grenouilles*.

BRUN (*Pierre* LE) né à Aix en 1661. de l'Oratoire. Son livre critique *des Pratiques superstitieuses*, a été recherché; mais c'est un Médecin qui ne parle que de très-peu de maladies, & qui est lui-même malade. m. en 1729.

BUFFIER (*Claude*) Jésuite. Sa *Mémoire artificielle* est d'un grand secours pour ceux qui veulent avoir les principaux faits de l'Histoire toûjours préfens à l'efprit. Il a fait fervir les vers (je ne dis pas la Poëfie) à leur premier ufage, qui était d'imprimer dans la mémoire des hommes les événemens dont on voulait garder le fouvenir.

BUSSY RABUTIN (*Roger* Comte de) né dans le Nivernais en 1618. Il écrivit avec pureté. On connait fes malheurs & fes ouvrages. m. à Autun en 1693.

Le Chevalier de CAILLY, qui n'eft connu que fous le nom d'*Acceilly*, était attaché au Miniftre Colbert. On ignore le tems de fa naiffance & de fa mort. Il y a de lui un Recueil de quelques centaines d'épigrammes, parmi lefquelles il y en a beaucoup de mauvaifes, & quelques unes de jolies. Il écrit naturellement, mais fans aucune imagination dans l'expreffion.

CALPRENEDE (*Gautier* de la) né à Cahors vers l'an 1612. Gentilhomme ordinaire du Roi. Ce fut lui qui mit les longs Romans à la mode. Le mérite de ces Romans confiftait dans des avantures dont l'intrigue n'était pas sans art, & qui n'étaient pas impossibles, quoiqu'elles fussent presque incroyables. Le *Boiardo*, l'*Arioste*, le *Tasse*, au contraire, avaient chargé leurs Romans poëtiques de fictions qui sont entiérement hors de la nature : mais les charmes de leur poësie, les beautés innombrables de détail, leurs allégories admirables, surtout celles de l'*Arioste*, tout cela rend ces poëmes immortels ; & les ouvrages de *la Calprenède*, ainsi que les autres grands Romans, sont tombés. Ce qui a contribué à leur chute, c'est la perfection du Théatre. On a vû dans les bonnes Tragédies, & dans les Opéra, beaucoup plus de sentimens qu'on n'en trouve dans ces énormes volumes : ces sentimens y sont bien mieux exprimés, & la connaissance du cœur humain beaucoup plus aprofondie. Ainsi *Racine* & *Quinault*, qui ont un peu imité le stile de ces Romans, les ont fait oublier, en parlant au cœur un langage plus vrai, plus tendre, & plus harmonieux. m. en 1663.

CAMPISTRON (*Jean*) né à Toulouse en 1656. éléve & imitateur de *Racine*. Le Duc de *Vendôme*, dont il fut Secrétaire, fit sa fortune, & le Comédien *Baron* une partie de sa réputation. Il y a des choses touchantes dans ses piéces : elles sont faiblement écrites ; mais au moins le langage est assez pur ; & après lui on a tellement négligé la langue dans les piéces de Théatre, qu'on a fini par écrire d'un stile entiérement barbare. C'est ce que *Boileau* déplorait en mourant. m. en 1723.

DU CANGE (*Charles du Fresne*) né à Amiens en 1610. On sait combien ses deux *Glossaires* sont utiles pour l'intelligence de tous les usages du bas Empire & des siécles suivans. Il fut un de ceux que *Louis XIV*. récompensa. m. en 1688.

CASSANDRE a rendu, aussi-bien que *Dacier*, plus de service à la réputation d'*Aristote*, que tous les prétendus Philosophes ensemble. Il traduisit la Rhétorique, aussi-bien que *Dacier* a traduit la Poëtique de ce fameux Grec. On ne peut s'empêcher d'admirer *Aristote*, & le siécle d'*Alexandre*, quand on voit que le Précepteur de ce grand homme, tant décrié sur la Physique, a connu à fond tous les principes de l'Eloquence & de la Poësie. Où est le Physicien de nos jours chez qui on puisse apprendre à composer un discours & une tragédie ? *Cassandre* vécut & mourut dans la plus grande pauvreté. Ce fut la faute, non pas de ses talens, mais de son caractère intraitable, farouche & solitaire. Ceux qui se plaignent de la fortune n'ont souvent à se plaindre que d'eux mêmes.

CASSINI (*Jean Dominique*) né dans le Comté de Nice en 1625. appellé par *Colbert* en 1666. Il a été le premier des Astronomes de son tems ; mais il commença comme les autres par l'Astrologie. Puisqu'il fut naturalisé en France, qu'il s'y maria, qu'il y eut des enfans, & qu'il est mort à Paris, on doit le compter au nombre des Français.

Il a immortalisé son nom par sa *Méridienne de St. Pétrone* à Boulogne: elle servit à faire voir les variations de la vitesse du mouvement de la Terre autour du Soleil. Il fut le premier qui montra, par la Paralaxe de *Mars*, que le Soleil doit être au moins à trente-trois millions de lieues de la Terre. Il prédit le chemin que devait tenir la Cométe de 1664. C'est lui qui découvrit cinq satellites de *Saturne*. *Huyghens* n'en avait apperçu qu'un ; & cette découverte de *Cassini* fut célébrée par une médaille dans l'histoire métallique de *Louis XIV*. m. en 1712.

CATROU, né en 1659. Jésuite. Il a fait avec le Pére *Rouillé* vingt tomes de *l'Histoire Romaine*. Ils ont cherché l'éloquence, & n'ont pas trouvé la précision. m. en 1737.

DU CERCEAU (*Jean Antoine*) né en 1670. Jésuite. On trouve dans ses Poësies Françaises, qui sont du genre médiocre, quelques vers naïfs & heureux. Il a mêlé à la langue épurée de son siécle le langage Marotique, qui énerve la Poësie par sa malheureuse facilité, & qui gâte la langue de nos jours par des mots & des tours surannés. m. en 1730.

CERISI (*Germain Habert*, &c.) Il était du tems de l'aurore du bon goût & de l'établissement de l'Académie Française. Sa *Métamorphose des yeux de Philis en astres* fut vantée comme un chef-d'œuvre, & a cessé de le paraître dès que les bons Auteurs sont venus. m. en 1655.

LA CHAMBRE (*Marin Cureau* de) né au Mans en 1594. L'un des premiers Académiciens. m. en 1669. Lui & son fils ont eu de la réputation.

CHANTEREAU (*Louis* le Févre) né en 1588. Très savant homme, l'un des premiers qui ont débrouillé l'histoire de France; mais il a accrédité une grande erreur, c'est que les fiefs héréditaires n'ont commencé qu'après *Hugues Capet*. Quand il n'y aurait que l'exemple de la Normandie, donnée ou plutôt extorquée à titre de fief héréditaire en 912. cela suffirait pour détruire l'opinion de *Cantereau*, que plusieurs Historiens ont adoptée. Il est d'ailleurs certain, que *Charlemagne* institua en France des fiefs avec propriété, & que cette forme de gouvernement était connuë avant lui dans la Lombardie & dans la Germanie. m. en 1658.

CHAPELAIN (*Jean*) né en 1595. Sans *la Pucelle* il aurait eu de la réputation parmi les gens de lettres. Ce mauvais poëme lui valut beaucoup plus que l'*Iliade* à *Homére*. *Chapelain* fut pourtant utile par sa littérature. Ce fut lui qui corrigea les premiers vers de *Racine*. Il commença par être l'oracle des Auteurs, & finit par en être l'opprobre. m. en 1674.

LA CHAPELLE, Receveur-général des finances, auteur de quelques Tragédies qui eurent du succès en leur tems. Il était un de ceux qui tâchaient d'imiter *Racine* ; car *Racine* forma sans le vouloir une école comme les grands Peintres. Ce fut un *Raphaël* qui ne fit point de *Jules Romain* : mais au moins ses premiers disciples écrivirent avec quelque pureté de langage; & dans la décadence qui a suivi, on a vu de nos jours des Tragédies entières où il n'y a pas quatre vers de suite dans lesquels il n'y ait des fautes grossières. Voilà d'où l'on est tombé, & à quel excès on est parvenu, après avoir eu de si grands modèles.

CHAPELLE (*Claude l'Huillier*) fils naturel de *l'Huillier* Maître des Comptes. Il n'est pas vrai qu'il fut le premier qui se servit des rimes redoublées; *d'Assouci* s'en servait avant lui, & même avec quelque succès.

Pourquoi donc, sexe au teint de rose,
Quand la charité vous impose
La loi d'aimer votre prochain,
Pouvez-vous me haïr sans cause,
Moi qui ne vous fis jamais rien ?
Eh ! pour mon honneur je vois bien
Qu'il faut vous faire quelque chose.
&c.

Chapelle réussit mieux que les autres dans ce genre qui a de l'harmonie & de la grace, mais dans lequel il a préféré quelquefois une abondance ſtérile de rimes à la penſée & au tour. Sa vie voluptueuſe & ſon peu de prétention contribuèrent encor à la célébrité de ſes petits ouvrages. On ſait qu'il y a dans ſon *Voyage de Montpellier* beaucoup de traits de *Bachaumont*, fils du Préſident *le Coigneux*, l'un des plus aimables hommes de ſon tems. *Chapelle* était d'ailleurs un des meilleurs éléves de *Gaſſendi*. Au reſte il faut bien diſtinguer les éloges que tant de gens de lettres ont donnés à *Chapelle* & à des eſprits de cette trempe, d'avec les éloges dûs aux grands Maîtres. m. en 1686.

CHARDIN (*Jean*) né à Paris en 1643. Nul Voyageur n'a laiſſé des Mémoires plus curieux. m. à Londres en 1713.

CHARLEVAL (*Jean Faucon* DE RIS) l'un de ceux qui acquirent de la célébrité par la délicateſſe de leur eſprit, ſans ſe livrer trop au public. La fameuſe converſation de

Maréchal d'*Hocquincourt* & du Père *Canaye*, imprimée dans les œuvres de *Saint-Evremont*, est de *Charleval*, jufqu'à la petite differtation fur le Janfénifme & fur le Molinifme que *Saint-Evremont* y a ajoutée. Le ftile de cette fin eft très différent de celui du commencement. Feu Monfieur de *Caumartin* le Confeiller d'Etat avait l'écrit de *Charleval* de la main de l'Auteur. On trouve dans le *Moréri* que le Préfident de Ris, neveu de *Charleval*, ne voulut pas faire imprimer les ouvrages de fon oncle, de peur que *le nom d'Auteur peut-être ne fût une tache dans fa famille*. Il faut être d'un état & d'un efprit bien abject pour avancer une telle idée dans le fiécle où nous fommes; & c'eût été dans un homme de robe un orgueil digne des tems militaires & barbares, où l'on abandonnait l'étude purement à la robe, par mépris pour la robe & pour l'étude.

CHARPENTIER (*François*) né à Paris en 16.0. Académicien utile. On a de lui la traduction de *la Cyro-*

pédie. Il foutint vivement l'opinion, que les inscriptions des monumens publics de France doivent être en Français. En effet c'est dégrader une Langue qu'on parle dans toute l'Europe, que de ne pas oser s'en servir ; c'est aller contre son but, que de parler à tout le public dans une langue que les trois quarts au moins de ce public n'entendent pas. Il y a une espèce de barbarie à latiniser des noms Français que la postérité méconnaîtrait. Et les noms de Rocroi & de Fontenoi font un plus grand effet que les noms de *Rocrosium* & de *Fonteniacum*. m. en 1702.

LA CHATRE (*Edme* Marquis de) a laissé des Mémoires. m. en 645.

CHAULIEU (*Guillaume*) né en Normandie en 1639 connu par ses Poësies négligées, & par les beautés hardies & voluptueuses qui s'y trouvent. La plûpart respirent la liberté, le plaisir, & une Philosophie au-dessus des préjugés ; tel était son caractère. Il vécut dans les délices,

& mourut avec intrépidité. mort en 1720.

CHEMINAIS, Jésuite. On l'appellait le *Racine* des Prédicateurs, & *Bourdaloue* le *Corneille*.

CHÉRON (*Elisabeth*) née à Paris en 1648. célèbre par la Musique, la Peinture & les Vers, & plus connuë sous son nom que sous celui de son mari le Sr. *le Hay*. m. en 1711.

CHEVREAU (*Urbain*) né à Loudun en 1613. savant & bel esprit qui eut beaucoup de réputation. m. en 1701.

CHIFFLET (*Jean Jacques*) né à Besançon en 1588. On a de lui plusieurs recherches. m. en 1660. Il y a eu sept Ecrivains de ce nom.

CHOISI (*François*) né à Rouen en 1644. envoyé à Siam. On a sa rélation. Il a composé plusieurs histoires, une *traduction de l'imitation de* JESUS-CHRIST, dédiée à Madame de *Maintenon* avec cette épigraphe: *Concupiscet rex decorem tuum*; & des *Mémoires de la Comtesse des Barres*.

Cette Comtesse *des Barres*, c'était lui-même. Il s'habilla & vécut en femme plusieurs années. Il acheta sous le nom de la Comtesse *des Barres* une Terre auprès de Tours. Ces Mémoires racontent avec naïveté comment il eut impunément des maîtresses sous ce déguisement. Pendant qu'il menait cette vie, il écrivait l'Histoire de l'Eglise. Dans ses Mémoires sur la Cour on trouve des choses vraies, quelques-unes de fausses, & beaucoup de hazardées ; ils sont écrits dans un stile trop familier.

CLAUDE (*Jean*) né en Agénois en 1619. Ministre de Charenton, & l'oracle de son parti, émule digne des *Bossuet*, des *Arnauld*, & des *Nicole*. Il a composé quinze ouvrages, qu'on lut avec avidité dans le tems des disputes. Presque tous les livres polémiques n'ont qu'un tems : les Fables de *la Fontaine*, l'*Arioste* passeront à la derniére postérité. Cinq ou six mille volumes de controverse sont déja oubliés. m. à la Haie en 1687.

LE COINTE (*Charles*) né à Troies en 1611. de l'Oratoire. Ses *Annales Ecclésiastiques* imprimées au Louvre par ordre du Roi, sont un monument utile. mort en 1681.

COLLET (*Philibert*) né à Dombes en 1643. Jurisconsulte & homme libre. Excommunié par l'Archevêque de Lyon pour une querelle de paroisse, il écrivit contre l'excommunication; il combattit la clôture des Religieuses; & dans son *Traité de l'Usure* il soûtint vivement l'usage autorisé en Bresse de stipuler les intérêts avec le capital, usage approuvé dans plus de la moitié de l'Europe, & reçu dans l'autre par tous les négocians, malgré les loix qu'on élude. Il assura aussi que les dîmes, qu'on paye aux Ecclésiastiques, ne sont pas de droit divin. mort en 1718.

COLOMIEZ (*Paul*). Le tems de sa naissance est inconnu: la plupart de ses ouvrages commencent à l'être; mais ils sont utiles à ceux qui aiment les recherches littéraires.

du tems de Louis XIV. 201
mort à Londres en 1692.

COMMIRE, Jésuite Il réussit parmi ceux qui croyent qu'on peut faire de bons vers Latins, & qui pensent que des étrangers peuvent ressusciter le siécle d'*Auguste* dans une Langue qu'ils ne peuvent pas même prononcer.

In silvam ne ligna feras.

CORDEMOI (*Géraud*) né à Paris. On lui doit le débrouillement du cahos des deux premiéres races des Rois de France; & on doit cette utile entreprise au Duc de *Montausier*, qui chargea *Cordemoi* de faire l'histoire de *Charlemagne*, pour l'éducation de *Monseigneur* Il ne trouva guères dans les anciens Auteurs que des absurdités & des contradictions. La difficulté l'encouragea, & il débrouilla les deux premiéres races. mort en 1684.

CORNEILLE *Pierre* né à Rouen en 1606. Quoiqu'on ne représente plus que six ou sept piéces de trente-trois qu'il a composées, il sera toûjours le pére du Théatre. Il est le premier qui ait élevé le génie de la Nation, & cela demande grace pour environ vingt de ses piéces qui sont, à quelques endroits près, ce que nous avons de plus mauvais par le stile, par la froideur de l'intrigue, par les amours déplacés & insipides, & par un entassement de raisonnemens alembiqués, qui sont l'opposé du Tragique. Mais on ne juge d'un grand homme que par ses chefs-d'œuvre, & non par ses fautes. On dit que sa traduction de *l'Imitation de* JESUS-CHRIST a été imprimée trente-deux fois : il est aussi difficile de le croire, que de la lire une seule. Il reçut une gratification du Roi dans sa derniére maladie. mort en 1684.

On a imprimé dans plusieurs recueils d'anecdotes, qu'il avait sa place marquée toutes les fois qu'il allait au spectacle, qu'on se levait pour lui, qu'on battait des mains. Malheureusement les hommes ne rendent pas tant de justice. Le fait est que les Comédiens du Roi refusèrent de jouer ses huit dernieres pié-

du tems de Louis XIV. 203
tes, & qu'il fut obligé de les donner à une autre troupe.

CORNEILLE (*Thomas*) né à Rouen en 1625. homme qui aurait eu une grande réputation, s'il n'avait point eu de frére. On a de lui trente-quatre piéces de Théatre. mort pauvre en 1709.

COUSIN (*Louis*) né à Paris en 1627. Préfident à la Cour des Monnoies. On lui doit beaucoup de traductions d'Hiftoriens Grecs, que lui feul a fait connaître. m. en 1707.

Le Baron DES COUTURES traduifit en profe & commenta *Lucréce* vers le milieu du régne de Louis XIV. Il penfait comme ce Philofope fur la plûpart des premiers principes des chofes. Il croyait la matiére éternelle, à l'exemple de tous les Anciens. La Religion Chrêtienne a feule combattu cette opinion.

DACIER (*André*) né à Caftres en 1651. Calvinifte comme fa femme, & devenu Catholique comme elle. Garde des livres du cabinet du Roi à Paris, charge qui ne fubfifte plus.

Homme plus favant qu'Ecrivain élégant, mais à jamais utile par ses traductions & par ses notes. m. au Louvre en 1722.

DANCHET (*Antoine*) a réussi à l'aide du Musicien dans quelques *Opéra*, qui sont moins mauvais que ses Tragédies.

DANCOURT (*Florent Carton*) Avocat, né en 1662. aima mieux se livrer au Théatre qu'au Barreau. Ce que *Regnard* était à l'égard de *Moliére* dans la haute omédie, le Comédien *Dancourt* l'était dans la farce. Beaucoup de ses piéces attirent encor un assez grand concours ; elles sont gaies ; le dialogue en est naïf. La quantité de piéces qu'on a faites dans ce genre facile, est immense ; elles sont plus du goût du peuple que des esprits délicats : mais l'amusement est un des besoins de l'homme, & cette espèce de Comédie aisée à représenter plait, dans Paris & dans les rovinces, au grand nombre qui n'est pas susceptible de plaisirs plus relevés. m. en 1726.

DANET (*Pierre*) l'un de ces hommes qui ont été plus utiles qu'ils n'ont eu de réputation. Ses *Dictionnaires* de la Langue Latine & des Antiquités furent au nombre de ces livres mémorables faits pour l'éducation du Dauphin Monseigneur, & qui, s'ils ne firent pas de ce Prince un savant homme, contribuèrent beaucoup à éclairer la France. mort en 1709.

DANGEAU (*Louis* Abbé de) né en 1643. excellent Académicien. mort en 1723.

DANIEL (*Gabriel*) Jésuite. Historiographe de France, a rectifié les fautes de *Mézerai* sur la premiére & la seconde race. On lui a reproché, que sa diction n'est pas toûjours assez pure, que son stile est trop faible, qu'il n'intéresse pas, qu'il n'est pas Peintre, qu'il n'a pas assez fait connaître les usages, les mœurs, les loix; que son histoire est un long détail d'opérations de guerre dans lesquels un Historien de son état se trompe presque toujours.

Le Comte de *Boulainvilliers* dit

dans ses Mémoires sur le gouvernement de France, qu'on peut reprocher à *Daniel* dix mille erreurs: c'est beaucoup; mais heureusement la plupart de ces erreurs sont aussi indifférentes que les vérités qu'il aurait mises à la place; car qu'importe que ce soit l'aile gauche ou l'aile droite qui ait plié à la bataille de Montlhéri? qu'importe par quel endroit *Louis le Gros* entra dans les mazures du Puiset? Un citoyen veut savoir par quels degrés le Gouvernement a changé de forme, quels ont été les droits, & les usurpations des différents Corps; ce qu'ont fait les Etats Généraux, quel a été l'esprit de la Nation, &c. L'histoire du Pére *Daniel* avec tous ses défauts est encor la moins mauvaise qu'on ait, du moins jusqu'au régne de *Louis XI*. Il prétend dans sa préface, & on a dit après lui, que les premiers téms de l'histoire de France sont plus intéressans que ceux de Rome, parce que *Clovis* & *Dagobert* avaient plus de terrain que *Romulus* & *Tarquin*. Il ne s'est pas aperçu, que les faibles commencemens de tout ce qui est grand intéressent toûjours les hommes; on aime à voir la petite origine d'un Peuple dont la France n'est qu'une Province, & qui étendit son Empire jusqu'à l'Elbe, l'Euphrate & le Niger. Il faut avouër, que notre Histoire & celle des autres Peuples, depuis le cinquiéme siécle de l'Ere vulgaire jusqu'au quinziéme, n'est qu'un cahos d'avantures barbares, sous des noms barbares.

DARGONE (*Noël*) né à Paris en 1634. Chartreux à Gaillon. C'est le seul Chartreux qui ait cultivé la Littérature. Ses *Mélanges*, sous le nom de *Vigneul de Marville*, sont remplis d'anecdotes curieuses & hazardées. m. en 1704.

DESCARTES (*René*) né en Touraine en 1596. fils d'un Conseiller au Parlement de Bretagne. Le plus grand Mathématicien de son tems, mais le Philosophe qui connut le moins la Nature, si on le compare à ceux qui l'ont suivi. Il passa presque toute sa vie hors de France, pour philosopher en liberté, à l'exemple de *Saumaise*, qui avait pris ce parti. Ayant cherché le repos dans des solitudes en Hollande, il ne l'y trouva pas. Un nommé *Voet*, & un nommé *Shockius*, deux Professeurs du Galimatias Scholastique qu'on enseignait encor, intentèrent contre lui cette ridicule accusation d'Athéisme dont les Ecrivains méprisés ont toujours chargé les Philosophes. En vain *Descartes* avait épuisé son génie à rassembler les preuves de la Divinité, & à en chercher de nouvelles. Ses ennemis le comparèrent à *Vanini* dans un écrit public : ce n'est pas que *Vanini* eût été Athée; le contraire est démontré ; mais il avait été brulé comme tel, & on ne pouvait faire une comparaison plus odieuse. *Descartes* eut beaucoup de peine à obtenir une très-légère satisfaction par sentence de l'Académie de Groningue. Ses *Méditations*, son *Discours sur la méthode*, sont encor estimés ; toute sa Physique est tombée, parce qu'elle n'est fondée ni sur la Géométrie, ni sur l'expérience ; il a eu longtems une si prodigieuse réputation,

tion, que *la Fontaine*, ignorant à la vérité, mais écho de la voix publique, a dit de lui :

Defcartes *ce mortel dont on eût fait un Dieu*
Dans les fiécles paffés, & qui tient le milieu
Entre l'homme & l'efprit, comme entre l'huitre & l'homme
Le tient tel de nos gens franche bête de fomme.

L'Abbé *Genét* dans le fiécle préfent s'eft donné la malheureufe peine de mettre en vers Français la Phyfique de *Defcartes*.

Ce n'eft guères que depuis l'année 1730. qu'on a commencé à revenir en France de toutes les erreurs de cette Philofophie chimérique, quand la Géométrie & la Phyfique expérimentale ont été plus cultivées. Le fort de *Defcartes* en Phyfique a été celui de *Ronfard* en Poëfie. m. à Stockolm en 1650.

DESMARETS DE SAINT-SORLIN (*Jean*) né à Paris en 1595. Il travailla beaucoup à la Tragédie de *Mirame* du Cardinal de *Richelieu*. Sa Comédie des *Visionnaires* passa pour un chef-d'œuvre, mais c'est que *Moliére* n'avait pas encor paru. Il fut Controlleur-général de l'extraordinaire des guerres & Sécretaire de la Marine du Levant. Sur la fin de sa vie il fut plus connu par son fanatisme que par ses ouvrages. m. en 1676.

DOMAT, célèbre Jurisconsulte. Son livre *des Loix civiles* a eu beaucoup d'approbation.

DOUJAT (*Jean*) né à Toulouse en 1639. Jurisconsulte & homme de lettres. Il faisait tous les ans un enfant à sa femme & un livre. On en dit autant de Tiraqueau. Le *Journal des Savans* l'appelle *grand-homme*; il ne faut pas prodiguer ce titre m. en 1688.

DUBOIS (*Gérard*) né à Orléans en 1629. de l'Oratoire. Il a fait *l'Histoire de l'Eglise de Paris*. m. en 1696.

DUCHÉ, valet de chambre de

Louis XIV. fit pour la Cour quelques Tragédies tirées de l'Ecriture, à l'exemple de *Racine*, non avec le même succès. L'Opéra d'*Iphigenie en Tauride* est son meilleur ouvrage. Il est dans le grand goût, & quoique ce ne soit qu'un Opéra, il retrace une grande idée de ce que les Tragédies Grecques avaient de meilleur. Ce goût n'a pas subsisté longtems, & même bientôt après on s'est réduit aux simples Ballets composés d'Actes détachés faits uniquement pour amener des danses; ainsi l'Opéra même a dégéneré dans le tems que presque tout le reste tombait dans la décadence.

Madame de *Maintenon* fit la fortune de cet Auteur : elle le recommanda si fortement à Monsieur de *Pontchartrain* Sécretaire d'Etat, que ce Ministre prenant *Duché* pour un homme considérable, alla lui rendre visite. *Duché* homme alors très-obscur, voyant entrer chez lui un Sécretaire d'Etat, crut qu'on allait le conduire à la Bastille.

DUCHESNE (*André*) né en Touraine en 1584. Hiſtoriographe du Roi, Auteur de beaucoup d'hiſtoires & de recherches généalogiques. On l'appellait le pére de l'hiſtoire de France. m. en 1640.

DUFRÉNOI (*Charles*) né à Paris en 1611. Peintre & Poëte. Son poëme *de la Peinture* a réuſſi auprès de ceux qui peuvent lire d'autres vers Latins que ceux du ſiécle d'*Auguſte*. m. en 1665.

DUFRÉNY (*Charles*) né à Paris en 1618. Il paſſait pour petit-fils de *Henri IV.* & lui reſſemblait. Son pére avait été valet de garde-robe de *Louis XIII.* & le fils l'était de *Louis XIV.* qui lui fit toujours du bien malgré ſon dérangement, mais qui ne put l'empêcher de mourir pauvre. Avec beaucoup d'eſprit & plus d'un talent, il ne put jamais rien faire de régulier. On a de lui beaucoup de Comédies, & il n'y en a guères où l'on ne trouve des ſcènes jolies & ſingulières. mort en 1724.

DUPLEIX (*Scipion*) de Condom,

quoique né en 1559. peut être compté dans le siécle de *Louis XIV.* ayant encor vécu sous son régne. Il est le premier Historien qui ait cité en marge ses autorités, précaution absolument nécessaire quand on n'écrit pas l'histoire de son tems, à moins qu'on ne s'en tienne aux faits connus. On ne lit plus son histoire de France, parce que depuis lui on a mieux fait & mieux écrit. m. en 1661.

ESPRIT (*Jacques*) né à Béziers en 1611. Auteur du livre *de la fausseté des Vertus humaines*, qui n'est qu'un Commentaire du Duc de la *Rochefoucault*. Le Chancelier *Séguier*, qui goûta sa littérature, lui fit avoir un brévet de Conseiller d'Etat. m. en 1678.

ESTRADES (le Maréchal d'). Ses Lettres sont aussi estimées que celles du Cardinal d'*Ossat*, & c'est une chose particulière aux Français que de simples dépêches ayent été souvent d'excellens ouvrages. mort en 1686.

Le Marquis de LA FARE, connu par fes Mémoires & par quelques vers agréables. Son talent pour la Poësie ne fe dévelopa qu'à l'âge de près de foixante ans. Ce fut Madame de *Cailus*, l'une des plus aimables perfonnes de ce fiécle par fa beauté & par fon efprit, pour laquelle il fit fes premiers vers, & peut-être les plus délicats qu'on ait de lui.

M'abandonnant un jour à la triftefſe,
Sans efpérance, & même fans défirs,
Je regrettais les fenfibles plaifirs
Dont la douceur enchanta ma jeuneſſe.
Sont-ils perdus, difais-je, fans retour?
 Et n'es-tu pas cruel, amour!
 Toi que j'ai fait, dès mon enfance,
 Le maître de mes plus beaux jours,
 D'en laiſſer terminer le cours
 A l'ennuyeufe indifférence?
 Alors j'apperçus dans les airs
 L'enfant maître de l'Univers,
 Qui plein d'une joie inhumaine
Me dit en fouriant: Tircis ne te plain plus,

Je vai mettre fin à ta peine,
Je te promets un regard de Cailus.

mort en 1713.

LA FAYETTE (*Marie Magdelaine de la Vergne* Comtesse de) Sa *Princesse de Cléves* & sa *Zaïde* furent les premiers Romans où l'on vit les mœurs des honnêtes gens & des avantures naturelles décrites avec grace. Avant elle on écrivait d'un stile empoulé des choses peu vraisemblables. m. en 1693.

FÉLIBIEN (*André*) né à Chartres en 1619. Il est le premier qui dans les Inscriptions de l'Hôtel-de-Ville ait donné à *Louis XIV*. le nom de *Grand*. Ses *Entretiens sur la vie des Peintres* sont l'ouvrage qui lui a fait le plus d'honneur. Il est élégant, profond, & il respire le goût : mais il dit trop peu de choses en trop de paroles, & est absolument sans méthode. m. en 1695.

FÉNELON (*François de Salignac*) Archevêque de Cambrai, né en Périgord en 1651. On a de lui cinquante-cinq ouvrages différens. Tous partent d'un cœur plein de vertu, mais son *Télémaque* l'inspire. Il a été vainement blâmé par *Cueudeville* & par l'Abbé *Faidit*. m. à Cambrai en 1715.

Après la mort de *Fénélon*, *Louis XI*. brula lui-même tous les manuscrits que le Duc de Bourgogne avait conservés de son Précepteur. *Ramsai* élève de ce célèbre Archevêque, m'a écrit ces mots : *S'il était né en Angleterre, il aurait dévelopé son génie, & donné l'essor sans crainte à ses principes que personne n'a connus.*

FERRAND, Conseiller de la Cour des Aides. On a de lui de très-jolis vers. Il joutait avec *Rousseau* dans l'Epigramme & le Madrigal. Voici dans quel goût *Ferrand* écrivait :

D'amour & de mélancolie
Celemnus enfin consumé,
En fontaine fut transformé ;
Et qui boit de ses eaux, oublie
Jusqu'au nom de l'objet aimé.
Pour mieux oublier Egerie,

J'y courus hier vainement ;
A force de changer d'amant,
L'infidéle l'avait tarie.

On voit que *Ferrand* mettait plus de naturel, de grace & de délicatesse dans des sujets galans, & *Rousseau* plus de force & de recherche dans des sujets de débauche.

FEUQUIERES DE PAS (le Marquis de) né à Paris en 1648. Officier consommé dans l'art de la guerre, & excellent guide s'il est critique trop sévére. m. en 1711.

LE FEVRE (*Tannegui*) né à Caën en 1615. Calviniste, Professeur à Saumur, méprisant ceux de la secte & demeurant parmi eux, plus Philosophe qu'Huguenot, écrivant aussi bien en Latin qu'on puisse écrire dans une Langue morte, faisant des vers Grecs qui doivent avoir eu peu de lecteurs. La plus grande obligation que lui ayent les Lettres, est d'avoir produit Madame Dacier. m. en 1678.

LE FEVRE (*Anne*) Madame DA-

CIER. Née Calviniste à Saumur en 165 . illustre par sa science. Le Duc de *Montausier* la fit travailler à l'un de ces livres qu'on nomme *Dauphins*, pour l'éducation de *Monseigneur*. Le *Florus* avec des notes Latines est d'elle. Ses Traductions de *Térence* & d'*Homère* lui font un honneur immortel. On ne pouvait lui reprocher que trop d'admiration pour tout ce qu'elle avait traduit. *La Motte* ne l'attaqua qu'avec de l'esprit, & elle ne combattit qu'avec de l'érudition. m. en 1720. au Louvre.

FLECHIER (*Esprit*) du Comtat d'Avignon, né en 1632. Evêque de Lavaur & puis de Nîmes. Poëte Français & Latin, Historien, Prédicateur, mais connu surtout par ses belles Oraisons funèbres. Son *Histoire de Théodose* a été faite pour l'éducation de *Monseigneur*. Le Duc de *Montausier* avait engagé les meilleurs esprits de France, à travailler par des bons ouvrages à cette éducation. m. en 1710.

FLEURY (*Claude*) né en 1640.

sous Précepteur du Duc de Bourgogne, & Confesseur de *Louis XV.* son fils, vécut à la Cour dans la solitude & dans le travail. Son *Histoire de l'Eglise* est la meilleure qu'on ait jamais faite, & les discours préliminaires fort au-dessus de l'histoire. Ils sont presque d'un Philosophe, mais l'histoire n'en est pas. m. en 1723.

LA FONTAINE (*Jean*) né à Château-Thierri en 1621. Le plus simple des hommes, mais admirable dans son genre, quoique négligé & inégal. Il fut le seul des grand hommes de son temps qui n'eut point de part aux bienfaits de *Louis XIV.* Il y avait droit par son mérite & par sa pauvreté. Dans la plûpart de ses Fables il est infiniment au-dessus de tous ceux qui ont écrit avant & après lui en quelque Langue que ce puisse être. Dans les Contes, qu'il a imités de l'*Arioste*, il n'a pas son élégance & sa pureté ; il n'est pas à beaucoup près si grand Peintre, & c'est ce que *Boileau* n'a pas aperçu dans sa Dissertation sur *Joconde*, parce que *Despréaux* ne savait presque pas l'Italien. Mais dans les Contes puisés chez *Bocace*, *La Fontaine* lui est bien supérieur, parce qu'il a beaucoup plus d'esprit, de graces, de finesse. *Bocace* n'a d'autre mérite que la naïveté, la clarté, & l'exactitude dans le langage. Il a fixé sa Langue, & *La Fontaine* a souvent corrompu la sienne. m. en 1695.

FONTENELLE (*Bernard Bouvier* de) quoique vivant en l'année 1756. fera une exception à la loi qu'on s'est faite de ne mettre aucun homme vivant dans ce Catalogue. Son âge de près de cent années semble demander cette distinction. Il est à présent au-dessus de l'éloge & de la critique. On peut le regarder comme l'esprit le plus universel que le siécle de *Louis XIV*. ait produit. Il a ressemblé à ces terres heureusement situées qui portent toutes les espèces de fruits. Il n'avait pas vingt ans lorsqu'il fit une grande partie de la Tragédie Opéra de *Bellerophon*, & depuis il donna l'Opéra de *Thétis & Pélée*, dans lequel il imita beaucoup

Quinault, & qui eut un grand succès. Celui d'*Enée & Lavinie* en eut moins. Il essaya ses forces au Théatre Tragique : il aida Mlle. Bernard dans quelques piéces. Il en composa deux, dont une fut jouée en 1680. & jamais imprimée. Elle lui attira trop longtems de très injustes reproches : car il avait eu le mérite de reconnaître, que bien que son esprit s'étendît à tout, il n'avait pas le talent de *Pierre Corneille* son oncle pour la Tragédie. Il fit beaucoup d'ouvrages légers, dans lesquels on remarquait déja cette finesse & cette profondeur qui décèlent un homme supérieur à ses ouvrages mêmes. On remarqua dans ses vers & dans ses *Dialogues des Morts* l'esprit de *Voiture*, mais plus étendu & plus philosophique. Sa *Pluralité des Mondes* fut un ouvrage unique en son genre. Il sut faire des Oracles de *Vandale* un livre agréable. Les matiéres délicates auxquelles on touche dans ce livre lui attirèrent des persécutions sourdes auxquelles il eut le bonheur d'échaper. Il vit combien il est dangereux d'avoir raison dans des choses où des hommes accrédités ont tort. Il se tourna vers la Géométrie & vers la Physique avec autant de facilité qu'il avait cultivé les Arts d'agrément. Nommé Secrétaire perpétuel de l'Académie des Sciences, il exerça cet Emploi pendant plus de quarante ans avec un aplaudissement universel. Son *Histoire de l'Académie* jette très souvent une clarté lumineuse sur les Mémoires les plus obscurs. Il fut le premier qui porta cette élégance dans les Sciences. Si quelquefois il y répandit trop d'ornemens, c'était de ces moissons abondantes dans lesquelles les fleurs croissent naturellement avec les épics.

Cette *Histoire de l'Academie des Sciences* serait aussi utile qu'elle est bien faite, s'il avait eu à rendre compte de vérités découvertes; mais il fallait qu'il expliquât des opinions combattuës les unes par les autres, & dont la plûpart sont détruites.

Les éloges qu'il prononça des Académiciens morts, ont le singulier mérite de rendre les Sciences respectables, & ont rendu tel leur Auteur. En vain l'Abbé *des Fontaines* & d'autres gens de cette espèce ont voulu obscurcir sa réputation, c'est le propre des grands hommes d'avoir de méprisables ennemis. S'il a fait imprimer depuis peu des Comédies peu théatrales, & une apologie des Tourbillons de *Descartes*, on a pardonné ces Comédies en faveur de sa vieillesse, & son Cartésianisme en faveur des anciennes opinions qui dans sa jeunesse avaient été celles de l'Europe.

Enfin on l'a regardé comme le prémier des hommes dans l'art nouveau de répandre de la lumiére & des graces sur les Sciences abstraites, & il a eu du mérite dans tous les autres genres qu'il a traités. Tant de talens ont été soutenus par la connaissance des Langues & de l'Histoire, & il a été sans contredit au-dessus de tous les savants qui n'ont pas eu le don de l'invention.

FORBIN (*Claude* Chevalier de) Chef d'escadre en France, Grand-

Amiral du Roi de Siam. Il a laiffé des Mémoires curieux qu'on a rédigés, & on peut juger entre lui & *Du Gué-Trouin*.

LA FOSSE (*Antoine*) né en 1658. *Manlius* eft fa meilleure piéce de de Théatre. m. en 1708.

FRAGUIER (*Claude*) né à Paris en 1666. bon Littérateur & plein de goût. Il n'a écrit que des vers Latins & quelques Differtations. m. en 1728.

FURETIERE (*Antoine*) né en 1620. fameux par fon *Dictionnaire* & par fa querelle. m. en 1688.

GACON (*François* né à Lyon en 1667. mis par le Pére *Nicéron* dans le Catalogue des hommes illuftres, & qui n'a été fameux que par de mauvaifes fatyres. Il a eu grande part à ce recueil de groffiéres plaifanteries qu'on appelle *Brévets de la Calotte*. Ces turpitudes ont pris leur fource dans je ne fai quelle affociation qu'on appellait le Régiment des Fous & de la Calotte. Ce n'eft pas là affurément du bon goût. Les honnêtes gens ne voyent qu'avec mépris de tels ouvrages & leurs Auteurs qui ne peuvent être cités que pour faire abhorrer leur exemple. m. en 1725.

GALANT *Antoine* né en Picardie en 1646. Il apprit à Constantinople les Langues Orientales, & traduisit une partie des Contes Arabes, qu'on connait sous le titre des *Mille & une nuits*. m. en 1715.

L'Abbé GALLOIS (*Jean*) né à Paris en 1632. savant universel, fut le premier qui travailla au *Journal des savans* avec le Conseiller-Clerc *Sallo*, qui avait conçu l'idée de ce travail. Il enseigna depuis un peu de Latin au Ministre d'Etat *Colbert*, qui malgré ses occupations crut avoir assez de tems pour apprendre cette Langue; il prenait surtout ses leçons en carosse dans ses voyages de Versailles à Paris. On disait avec vraisemblance, que c'était en vuë d'être Chancelier. On peut observer, que les deux hommes qui ont le plus protégé les Lettres, ne savaient pas le

Latin, *Louis XIV.* & Monsieur *Colbert*. m. en 1707.

GASSENDI (*Pierre*) né en Provence en 1592. Restaurateur d'une partie de la Physique d'*Epicure*. Il sentit la nécessité des atomes & du vuide. *Newton* & d'autres ont démontré depuis ce que *Gassendi* avait affirmé. Il eut moins de réputation que *Descartes*, parce qu'il était plus raisonnable, & qu'il n'était pas inventeur; mais on l'accusa comme *Descartes* d'athéisme. Quelques-uns crurent, que celui qui admettait le vuide comme *Epicure*, niait un DIEU comme lui. C'est ainsi que raisonnent les calomniateurs. *Gassendi* en Provence, où l'on n'était point jaloux de lui, était appellé le *saint Prêtre*; à Paris quelques envieux l'appellaient l'Athée. Il est vrai qu'il était sceptique, & que la Philosophie lui avait apris à douter de tout, mais non pas de l'existence d'un Etre suprême. m. en 1656.

GÉDOUIN, Chanoine de la sainte-Chapelle à Paris. Auteur d'une excellente traduction de *Quintilien*, & de *Pausanias*. m. en 1744.

LE GENDRE (*Louis*) né à Rouen en 1655. a fait une *Histoire de France*. Pour bien faire cette histoire, il faudrait la plume & la liberté du Président *de Thou* ; & il serait encor très difficile de rendre les premiers siécles intéressans. m. en 1733.

GENEST (*Charles-Claude*) né en 1635. Aumonier de la Duchesse d'Orléans, Philosophe & Poëte. Sa Tragédie de *Pénélope* a encor du succès sur le Théatre, & c'est la seule de ses piéces qui s'y soit conservée. Son laborieux ouvrage de la Philosophie de *Descartes* en rimes plûtôt qu'en vers, signala plus sa patience que son génie, & il n'eut guères rien de commun avec *Lucréce* que de versifier une Philosophie erronée presque en tout. Il eut part aux bienfaits de *Louis XIV*. m. en 1719.

L'Abbé GIRARD Son livre des *Synonimes* est très utile ; il subsistera autant que la Langue, & servira même à la faire subsister.

GODEAU (*Antoine*) l'un de ceux qui servirent à l'établissement de l'Académie Françaife. Poëte, Orateur & Hiftorien. On fait que pour faire un jeu de mots le Cardinal de *Richelieu* lui donna l'Evêché de Graffe, pour le *Bénédicité* mis en vers. Son *Hiftoire Eccléfiaftique* en profe fut plus eftimée que fon Poëme fur les *Faftes de l'Eglife*. Il fe trompa en croyant égaler les Faftes d'*Ovide*: ni fon fujet ni fon génie n'y pouvaient fuffire. C'eft une grande erreur de penfer, que les fujets Chrétiens puiffent convenir à la Poëfie comme ceux du Paganifme, dont la Mythologie auffi agréable que fauffe animait toute la Nature. m. en 1672.

GODEFROI (*Théodore*) fils de *Denys Godefroi* Parifien. Homme favant, né à Genève en 1580. Hiftoriographe de France fous *Louis XIII.* & *Louis XIV.* Il s'appliqua furtout aux titres & au cérémonial. m. en 1649.

GODEFROI (*Denys*) fon fils, né à Paris en 1615. Hiftoriographe de

du siécle de Louis XIV. 229
France comme son pére. m. en 1681.

GOMBAULD *Jean Ogier* de quoique né sous *Charles IX.* vécut longtems sous *Louis XIV.* Il y a de lui quelques bonnes Epigrammes, dont même on a retenu des vers. m. en 1666.

GOMBERVILLE (*Marin*) né à Paris en 1600. l'un des premiers Académiens. Il écrivit de grands Romans avant le tems du bon goût, & sa réputation mourut avec lui. m. en 1674.

GONDI (*Jean François*) Cardinal de Retz, né en 1613. qui vécut en *Catilina* dans sa jeunesse, & en *Atticus* dans sa vieillesse. Plusieurs endroits de ses Mémoires sont dignes de *Saluste*; mais tout n'est pas égal. m. en 1679.

GOURVILLE, valet de chambre du Duc de *la Rochefoucault*, devenu son ami, & même celui du grand *Condé.* Dans le même tems pendu à Paris en effigie, & envoyé du Roi en Allemagne; ensuite proposé pour succéder au grand *Colbert* dans le Miniſtère. Nous avons de lui des Mémoires de ſa vie, écrits avec naïveté, dans leſquels il parle de ſa naiſſance & de ſa fortune avec indifférence.

LE GRAND (*Joachim*) né en Normandie en 1653. éléve du Pére *le Cointe*. Il a été l'un des hommes les plus profonds dans l'Hiſtoire. m. en 1732.

GRÉCOUR, Chanoine de Tours. Son Poëme de *Philotanus* eut un ſuccès prodigieux. Le mérite de ces ſortes d'ouvrages n'eſt d'ordinaire que dans le choix du ſujet, & dans la malignité humaine. Ce n'eſt pas qu'il n'y ait quelques vers bien faits dans ce Poëme. Le commencement en eſt très-heureux ; mais la ſuite n'y répond pas. Le Diable n'y parle pas auſſi plaiſamment qu'il eſt amené. Le ſtile eſt bas, uniforme, ſans dialogue, ſans graces, ſans fineſſe, ſans pureté de ſtile, ſans imagination dans l'expreſſion, & ce n'eſt enfin qu'une hiſtoire ſatyrique de la Bulle *Unigenitus* en vers burleſques, parmi leſquels il s'en trouve de très-plaiſants.

GUERRET (*Gabriel*) né à Paris en 1641. connu dans son tems par son *Parnasse réformé* & par la *Guerre des Auteurs*. Il avait du goût ; mais son discours, *si l'empire de l'éloquence est plus grand que celui de l'amour*, ne prouverait pas qu'il en eût. Il a fait le Journal du Palais conjointement avec *Blondeau:* ce Journal du Palais est un recueil des Arrêts des Parlemens de France, jugemens souvent différens dans des causes semblables. Rien ne fait mieux voir combien la Jurisprudence a besoin d'être réformée, que cette nécessité où l'on est de recueillir des Arrêts. m. en 1688.

DU GUET (*Jacques Joseph*) né en Forez en 1649. l'une des meilleures plumes du parti Janséniste. Son livre de *l'Education d'un Roi* n'a point été fait pour le Roi de Sardaigne, comme on l'a dit, & il a été achevé par une autre main. Le stile de *Du Guet* est formé sur celui des bons Ecrivains de Port-Royal. il aurait pû comme eux rendre de grands services aux Lettres ; trois volumes sur vingt-cinq chapitres d'*Isaïe* prouvent qu'il n'était avare de son tems ni de sa plume. m. en 1733.

Du Gué-Trouin, d'Armateur devenu Lieutenant-Général des armées navales. L'un des plus grands hommes en son genre, a donné des Mémoires écrits du stile d'un soldat, & propres à exciter l'émulation chez ses compatriotes.

Du Halde Jésuite, quoiqu'il ne soit point sorti de Paris, & qu'il n'ait point sçu le Chinois, a donné sur les mémoires de ses confréres la plus ample & la meilleure description de l'Empire de la Chine qu'on ait dans le Monde mort. en 1743.

L'insatiable curiosité que nous avons de connaître à fond la Religion, les Loix, les mœurs des Chinois, n'est point encor satisfaite : un Bourguemestre de Midelbourg nommé *Hudde*, homme très-riche, guidé par cette seule curiosité, alla à la Chine vers l'an 1700. Il employa une grande partie de son bien à s'instruire de tout. Il apprit si parfaitement la Langue, qu'on le prenait pour un Chinois. Heureusement

ment pour lui la forme de son visage ne le trahissait pas. Enfin il sçut parvenir au grade de Mandarin; il parcourut toutes les Provinces en cette qualité, & revint ensuite en Europe avec un recueil de trente années d'observations; elles ont été perduës dans un naufrage : c'est peut-être la plus grande perte qu'ait faite la République des Lettres.

Du Hamel (*Jean Baptiste*) de Normandie, né en 1624. Sécretaire de l'Académie des Sciences. Quoique Philosophe, il étoit Théologien. La Philosophie, qui s'est perfectionnée depuis lui, a nui à ses ouvrages; mais son nom a subsisté. m. en 1706.

Le Comte de Hamilton (*Antoine*) né à Caën. On a de lui quelques jolies Poësies; & il est le premier, qui ait fait des Romans dans un goût plaisant, qui n'est pas le burlesque de *Scarron*. Ses *Mémoires du Comte de Grammont* sont de tous les livres celui où le fonds le plus mince est paré du stile le plus gai, le plus vif, & le plus agréable.

Hardouin (*Jean*) Jésuite, profond dans l'Histoire & chimérique dans les sentimens. *Il faut s'enquerir,* dit *Montagne, non quel est le plus savant, mais le mieux savant.* Hardouin poussa la bizarrerie jusqu'à prétendre que l'*Enéide* & les Odes d'*Horace* ont été composées par des Moines du treiziéme siécle : il veut qu'*Enée* soit JESUS-CHRIST ; & *Lalagé* la maitresse d'*Horace* est la Religion Chrêtienne. Le même discernement qui faisait voir au Pére *Hardouin* le Messie dans *Enée*, lui découvrait des Athées dans les Péres *Thomassin*, *Quénel*, *Mallebranche*, dans *Arnauld*, dans *Nicole* & *Pascal*. Sa folie ôta à la calomnie toute son atrocité ; mais tous ceux qui renouvellent cette accusation d'athéisme contre des sages, ne sont pas toûjours reconnus pour fous, & sont souvent très-dangereux. On a vû des hommes abuser de leur Ministère en employant ces armes contre lesquelles il n'y a point de bouclier, pour perdre sans ressource des personnes respectables auprès des Princes trop peu instruits.

HECQUET, Médecin, mit au jour

en 1722. le fyftême raifonné de la *Trituration*, idée ingénieufe qui n'explique pas la manière dont fe fait la digeftion. Les autres Médecins y ont joint le fuc gaftrique, & la chaleur des vifcères ; mais nul n'a pû découvrir le fecret de la Nature qui fe cache dans toutes fes opérations.

HELVÉTIUS, fameux Médecin, qui a tres-bien écrit fur l'œconomie animale, & fur la fiévre. m. vers l'an 1750.

HÉNAUT, connu par le fonnet de *l'avorton*, par d'autres piéces, & qui aurait une tres grande réputation fi les trois premiers chants de fa traduction de *Lucréce*, qui furent perdus, avaient paru & avaient été écrits comme ce qui nous eft refté du commencement de cet ouvrage. mort en 1682. Au refte la poftérité ne le confondra pas avec un homme du même nom & d'un mérite fupérieur, à qui nous devons la plus courte & la meilleure Hiftoire de France, & peut-être la feule manière dont il faudra déformais écrire toutes les grandes Histoire. Car la multiplicité de faits & des écrits devient si grande, qu'il faudra bientôt tout réduire aux extraits & aux Dictionnaires. Mais il sera difficile d'imiter l'Auteur de l'*Abrégé chronologique*, d'approfondir tant de choses en paraissant les effleurer.

HERBELOT (*Barthelemi*) né à Paris en 1625. le premier parmi les Français, qui connut bien les Langues & les Histoires Orientales. Peu célèbre d'abord dans sa patrie. Reçu par le Grand Duc de Toscane *Ferdinand II.* avec une distinction qui apprit à la France à connaître son mérite. Rappellé ensuite & encouragé par *Colbert*, qui encourageait tout. Sa *Bibliothéque Orientale* est aussi curieuse que profonde. m. en 1695.

HERMANT (*Godefroi*) né à Beauvais en 1617. Il n'a fait que des ouvrages polémiques, qui s'anéantissent avec la dispute. m. en 1690.

LA HIRE (*Philippe*) né à Paris en 1640. fils d'un bon Peintre. Il a été grand Mathématicien, & a beaucoup contribué à la fameuse Méridienne de France. m. en 1718.

L'Hopital (*François* Marquis de) né en 1662. Le premier qui ait écrit en France sur le calcul inventé par *Newton*, qu'il appella *les infiniment petits :* c'était alors un prodige. m. en 1704.

D'Hosier (*Pierre*) né à Marseille en 1592. fils d'un Avocat. Il fut le premier qui débrouilla les Généalogies, & qui en fit une science. *Louis XIII.* le fit Gentilhomme servant, Maître d'hôtel & Gentilhomme ordinaire de sa chambre. *Louis XIV.* lui donna un brévet de Conseiller d'Etat. De véritablement grands hommes ont été bien moins récompensés: leurs travaux n'étaient pas si nécessaires à la vanité humaine. m. en 1660.

Des Houlieres (*Antoinette de la Garde*) De toutes les Dames Françaises qui ont cultivé la Poësie, c'est celle qui a le plus réussi, puisque c'est celle dont on a retenu

L iij

le plus de vers. m. en 1694.

HUET (*Pierre Daniel*) né à Caën en 1630. savant universel, & qui conserva la même ardeur pour l'étude jusqu'à l'âge de quatre-vingt-onze ans. Appellé auprès de la Reine *Christine* à Stockolm, il fut ensuite un des hommes illustres qui contribuèrent à l'éducation du Dauphin. Jamais Prince n'eut de pareils maîtres. *Huet* se fit Prêtre à quarante ans; il eut l'Evêché d'Avranches, qu'il abdiqua ensuite, pour se livrer tout entier à l'étude dans la retraite. De tous ses livres *le Commerce & la Navigation des Anciens*, & *l'origine des Romans*, sont le plus d'usage. Son *Traité sur la faiblesse de l'esprit humain* a fait beaucoup de bruit, & a paru démentir sa *Démonstration Evangelique*. m. en 1721.

JACQUELOT (*Isaac*) né en Champagne en 1647. Calviniste, Pasteur à la Haie & à Berlin. Il a fait quelques ouvrages sur la Religion. m. en 1708.

JOLI (*Gui*) Conseiller au Châtelet, Sécretaire du Cardinal de

Retz, a laissé des Mémoires, qui sont à ceux du Cardinal ce qu'est le domestique au maître ; mais il y a des particularités curieuses.

JOUVENCY (*Joseph*) Jésuite, né à Paris en 1643. C'est encor un homme qui a eu le mérite obscur d'écrire en Latin aussi-bien qu'on le puisse de nos jours. Son livre *de ratione discendi & docendi* est un des meilleurs qu'on ait en ce genre, & des moins connus depuis *Quintilien*. Il publia en 1710. à Rome une partie de l'Histoire de son Ordre. Il l'écrivit en Jésuite & en homme qui était à Rome. Le Parlement de Paris, qui pense tout différemment de Rome & des Jésuites, condamna ce livre, dans lequel on justifiait le Pére *Guignard* condamne à être pendu par ce même Parlement pour l'assassinat commis sur la personne d'*Henri IV*. par l'écolier *Châtel*. Il est très vrai que *Guignard* n'était nullement complice, & qu'on le jugea à la rigueur: mais il n'est pas moins vrai que cette rigueur était nécessaire dans ces tems malheureux où une partie de l'Europe aveuglée par le plus horrible fanatisme regardait comme un acte de Religion de poignarder le meilleur des Rois & le meilleur des hommes. m. en 1716.

DE L'ISLE (*Guillaume*) né à Paris en 1675. Il a reformé la Géographie, qui aura longtems besoin d'être perfectionnée. C'est lui qui a changé toute la position de notre Hémisphère en longitude. Il a enseigné à *Louis XV*. la Géographie, & n'a point fait de meilleur élève. Ce Monarque a composé, après la mort de son maître, un traité du cours de tous les fleuves. *Guillaume de l'Isle* est le premier qui ait eu le titre de premier Géographe du Roi. m. en 1726.

LABBE (*Philippe*) né à Bourges en 1607. Jésuite. Il a rendu de grands services à l'Histoire. On a de lui soixante & seize ouvrages. m. en 1667.

LE LABOUREUR (*Jean*) né à Montmorenci en 1623. Gentilhomme servant de *Louis XIV*. & ensuite son Aumonier. Sa rélation du voyage de Pologne qu'il fit avec Madame la Maréchale de *Guébriant*, la seule femme qui ait jamais eu le titre, & fait les fonctions d'Ambassadrice Plénipotentiaire, est assez curieuse. Les Commentaires historiques dont il a enrichi les Mémoires de *Castelnau* ont répandu beaucoup de jour sur l'Histoire de France. Le mauvais Poëme de *Charlemagne* n'est pas de lui, mais de son frére. m. en 1675.

LAINÉ ou LAINEZ (*Alexandre*) né dans le Hainault en 1650. Poëte singulier, dont on a recueilli un petit nombre de vers heureux. Un homme qui s'est donné la peine de faire élever à grands frais un Parnasse en bronze couvert de figures en relief, de tous les Poëtes & Musiciens dont il s'est avisé, a mis ce *Lainé* au rang des plus illustres. Les seuls vers délicats qu'on ait de lui sont ceux qu'il fit pour Madame de *Martel*:

Le tendre Apelle un jour dans ces jeux si vantés
Qu'Athénes sur ses bords consacrait à Neptune,
Vit au sortir de l'onde éclater cent beautés ;
Et prenant un trait de chacune,
Il fit de sa Venus le portrait immortel.
Hélas ! s'il avait vû l'adorable Martel,
Il n'en aurait employé qu'une.

On ne sait pas que ces vers sont une traduction un peu longue de ce beau morceau de l'*Arioste*,

Non avea da torre altra, che costei
Che tutte le bellezze erano in lei.

m. en 1710.

LAMBERT (*Anne Thérése de Marguenat de Courcelles*, Marquise de) née en 1647. Dame de beaucoup d'esprit, a laissé quelques écrits d'une morale utile & d'un stile agréable. Son traité *de l'Amitié* fait voir qu'elle méritait d'avoir des amis. Le nombre des Dames, qui ont illustré ce beau siécle, est une des grandes preuves des progrès de l'esprit humain.

*Le donne son venute in eccellenza
Di ciascun' arte ove hanno posto cura.* Ariost.

m. à Paris en 1733.

LAMI (*Bernard*) né au Mans en 1640. de l'Oratoire. Savant dans plus d'un genre. Il composa ses *Elémens de Mathématiques* dans un voyage qu'il fit à pied de Grenoble à Paris. m. en 1715.

LANCELOT (*Claude*) né à Paris en 1615. Il eut part à des ouvrages très utiles, que firent les Solitaires du Port-Royal pour l'éducation de la jeunesse. m. en 1695.

DE LARREY (*Isaac*) né en Normandie en 1638. Son *Histoire d'Angleterre* fut estimée avant celle de *Rapin de Thoiras*; & son *Histoire de Louis XIV.* ne le fut jamais. m. à Berlin en 1719.

LAUNAI (*François*) né à Angers en 1612. Jurisconsulte & homme de lettres. Il fut le premier qui enseigna le Droit Français à Paris. m. en 1693.

LAUNOY (*Jean*) né en Normandie en 1603. Docteur en Théologie. Savant laborieux & Critique intrépide. Il détrompa de plusieurs erreurs, & surtout sur des Saints, dont il nia l'existence. On sait qu'un Curé de *St. Eustache* disait : *Je lui fais toujours de profondes révérences, de peur qu'il ne m'ôte mon St. Eustache*. m. en 1678.

LAURIERE (*Eusèbe*) né à Paris en 1659. Avocat. Personne n'a plus approfondi la Jurisprudence & l'origine des Loix. C'est lui qui dressa le plan du Recueil des Ordonnances ; ouvrage immense, qui signale le régne de *Louis XIV*. C'est un monument de l'inconstance des choses humaines. Un recueil d'Ordonnances n'est que l'histoire des variations. m. en 1728.

LE CLERC (*Jean*) né à Genève en 1657. mais originaire de Beauvais. Il n'était pas le seul savant de sa famille, mais il était le plus savant. Sa *Bibliothéque Universelle*, dans laquelle il imita la *République des Lettres* de *Bayle*, est son meilleur ouvrage. Son plus grand mérite est d'avoir alors aproché de *Bayle*, qu'il a combattu souvent. Il a beaucoup plus écrit que ce grand homme, mais il n'a pas connu comme lui l'art de plaire & d'instruire, qui est si au-dessus de la science. m. à Amsterdam en 1736.

LEMERI (*Nicolas*) né à Rouen en 1645. fut le premier Chimiste raisonnable, & le premier qui ait donné une *Pharmacopée universelle*. m. en 1715.

LENFANT (*Jacques*) né en Beausse en 1661. Pasteur Calviniste à Berlin. Il contribua plus que personne à répandre les graces & la force de la Langue Française aux extrémités de l'Allemagne. Son *Histoire du Concile de Constance*, bien faite & bien écrite, sera jusqu'à la derniére postérité un témoignage du bien & du mal qui peuvent résulter de ces grandes assemblées, &

que du fein des paffions, de l'intérêt & de la cruauté même, il peut encor fortir de bonnes Loix. m. en 169:.

DES LIONS (*Jean*) né à Pontoife en 1615. Docteur de Sorbonne, homme fingulier, Auteur de plufieurs ouvrages polémiques. Il voulut prouver, que les réjouiffances à la fête des Rois font des profanations, & que le Monde allait bientôt finir. m. en 1700.

LE LONG (*Jacques*) né à Paris en 1655. de l'Oratoire Sa *Bibliothéque hiftorique de France* eft d'une grande recherche & d'une grande utilité, à quelques fautes près. m. en 1721.

Le Baron de LONGEPIERRE (*Hilaire Bernard*) né en Bourgogne en 1658. Il poffédait toutes les beautés de la Langue Grecque, mérite très-rare en ce tems-là ; on a de lui des traductions en vers d'*Anacréon*, *Sapho*, *Bion* & *Mofchus*. Sa Tragédie de *Médée*, quoiqu'inégale & trop remplie de déclamations, eft fort fupérieure à celle de *Pierre*

Corneille. Mais la *Médée* de *Corneille* n'était pas de son bon tems. *Longepierre* fit beaucoup d'autres Tragédies d'après les Poëtes Grecs, & il les imita en ne mêlant point l'amour à ces sujets sévères & terribles. Mais aussi il les imita dans la prolixité des lieux communs & dans le vuide d'action & d'intrigue, & ne les égala point dans la beauté de l'élocution qui fait le grand mérite des Poëtes. Il a composé plusieurs autres Tragédies dans le goût Grec ; mais il n'a donné au Théatre que *Médée* & *Electre*. m. en en 1727.

DE LONGUERUE [*Louis du Four*] né à Charleville en 1652. Abbé du Jard. Il savait, outre les Langues savantes, toutes celles de l'Europe. Apprendre plusieurs Langues médiocrement, c'est le fruit du travail de quelques années ; parler purement & éloquemment la sienne, c'est le travail de toute la vie. Il sçavait l'Histoire universelle, & on prétend qu'il composa de mémoire la Description Historique &

Géographique de la France ancienne & moderne. m. vers l'an 1724.

LONGUEVAL [*Jacques*] né en 1681. Jésuite. Il a fait huit volumes de l'Histoire de l'Eglise Gallicane, continuée par le Pére *Fontenay*. m. en 1735.

DE LA LOUBERE [*Simon*] né à Toulouse en 1642. & envoyé à Siam en 1677. On a de lui des Mémoires de ce pays, meilleurs que ses Sonnets & ses Odes. m. en 1729.

MABILLON [*Jean*] né en Champagne en 1632. Bénédictin. C'est lui, qui étant chargé de montrer le trésor de St. Denis, demanda à quitter cet emploi, *parce qu'il n'aimait pas à méler la fable avec la vérité.* Il a fait de profondes recherches. *Colbert* l'employa à rechercher les anciens titres. m en 1707.

MAIGNAN [*Emanuël*] né à Toulouse en 1601. Minime. L'un de ceux qui ont appris les Mathématiques sans maître. Professeur de Mathématique à Rome, où il y a toujours eu depuis un Profeſſeur Minime Français. m. à Toulouſe en 1677.

MAILLET, Conſul au grand Caire. On a de lui des lettres inſtructives ſur l'Egypte, & des ouvrages manuſcrits d'une Philoſophie hardie.

MAIMBOURG [*Louis*] Jéſuite, né en 1610. Il y a encor quelques-unes de ſes hiſtoires qu'on ne lit pas ſans plaiſir. Il eut d'abord trop de vogue, & on l'a trop négligé enſuite. Ce qui eſt ſingulier, c'eſt qu'il fut obligé de quitter les Jéſuites, pour avoir écrit en faveur du Clergé de France. m. à St. Victor. en 1686.

MAINARD (*François*) Préſident d'Aurillac, né à Toulouſe en 1634. On peut le compter parmi ceux qui ont annoncé le ſiécle de *Louis XIV*. Il reſte de lui un aſſez grand nombre de vers heureux, purement écrits. C'eſt un des Auteurs qui s'eſt plaint le plus de la mauvaiſe fortune attachée aux talens. Il ignorait que le ſuccès d'un bon ouvrage est la seule récompense digne d'un Artiste ; que si les Princes & les Ministres veulent se faire honneur en récompensant cette espéce de mérite, il y a plus d'honneur encor d'attendre ces faveurs sans les demander ; & que si un bon Ecrivain ambitionne la fortune, il doit la faire soi-même.

Rien n'est plus connu que son beau Sonnet pour le Cardinal de *Richelieu* ; & cette réponse dure du Ministre, ce mot cruel, *rien*. Le Président *Mainard* retiré enfin à Aurillac fit ces vers qui méritent autant d'être connus que son Sonnet.

Par votre humeur le monde est gouverné,
Vos volontés font le calme & l'orage,
Vous vous riez de me voir confiné
Loin de la Cour dans mon petit ménage :
Mais n'est-ce rien que d'être tout à soi,
De n'avoir point le fardeau d'un Emploi,
D'avoir dompté la crainte & l'espérance ?
Ah ! si le Ciel, qui me traite si bien,
Avait pitié de vous & de la France,
Votre bonheur serait égal au mien.

Depuis la mort du Cardinal, il dit dans d'autres vers que le Tyran est mort, & qu'il n'en est pas plus heureux. Si le Cardinal lui avait fait du bien, ce Ministre eût été un Dieu pour lui. Il n'est un Tyran que parce qu'il ne lui donna rien. C'est trop ressembler à ces mendiants qui appellent les passants *Monseigneur*, & qui les maudissent s'ils n'en reçoivent point d'aumône. Les vers de *Mainard* étaient fort beaux. Il eût été plus beau de passer sa vie sans demander & sans murmurer. L'Epitaphe qu'il fit pour lui-même est dans la bouche de tout le monde.

Las d'espérer & de me plaindre
Des Muses, des Grands & du sort,
C'est ici que j'attens la mort,
Sans la désirer ni la craindre.

Les deux derniers vers sont la traduction de cet ancien vers Latin,

Summum nec metuas diem, nec optes.

La plupart des beaux vers de

morale font des traductions. Il eſt bien commun de ne pas déſirer la mort ; il eſt bien rare de ne la pas craindre ; & il eût été grand de ne pas ſeulement ſonger s'il y a des Grands au monde.

MAINTENON (*Françoiſe d'Aubigné*, *Scarron*, Marquiſe de). Elle eſt Auteur comme Madame de *Sévigné*, parce qu'on a imprimé ſes lettres après ſa mort. Les unes & les autres ſont écrites avec beaucoup d'eſprit, mais avec un eſprit différent. Le cœur & l'imagination ont dicté celles de Madame de *Sévigné*; elles ont plus de gayeté, plus de liberté : celles de Madame de *Maintenon* ſont plus contraintes : il ſemble qu'elle ait toujours prévû qu'elles ſeraient un jour publiques. Madame de *Sévigné* en écrivant à ſa fille n'écrivait que pour ſa fille. On trouve quelques anecdotes dans les unes & dans les autres. On voit par celles de Madame *de Maintenon*, qu'elle avait épouſé *Louis XIV.* qu'elle influait dans les affaires d'Etat, mais qu'elle ne les gouvernait pas ; qu'elle ne preſſa point la révocation de l'Edit de Nantes, & ſes ſuites ; mais qu'elle ne s'y oppoſa point ; qu'elle prit le parti des Moliniſtes, parce que *Louis XIV.* l'avait pris, & qu'enſuite elle s'attacha à ce parti ; que *Louis XIV.* ſur la fin de ſa vie portait des reliques ; & beaucoup d'autres particularités. Mais les connaiſſances qu'on peut puiſer dans ce recueil ſont trop achetées par la quantité de lettres inutiles qu'il renferme ; défaut commun à tous ces recueils. Si on n'imprimait que l'utile, il y aurait cent fois moins de Livres. m. à St. Cyr en 1719.

MALEBRANCHE (*Nicolas*) né à Paris en 1638. de l'Oratoire. L'un des plus profonds méditatifs qui ayent jamais écrit. Animé de cette imagination forte qui fait plus de diſciples que la vérité, il en eut de ſon tems. Il y avait des *Malebranchiſtes*. Il a montré admirablement les erreurs des ſens & de l'imagination ; & quand il a voulu ſonder la nature de l'ame, il s'eſt perdu dans cet abîme comme les autres. Il est, ainsi que *Descartes*, un grand homme avec lequel on apprend bien peu de chose. m. en 1715.

MALEZIEUX (*Nicolas*) né à Paris en 1650. Les *Elemens de Géométrie du Duc de Bourgogne*, sont les leçons qu'il donna à ce Prince. Il se fit une réputation par sa profonde littérature. Madame la Duchesse du Maine fit sa fortune. m. en 1727.

MALLEVILLE (*Claude* de) l'un des premiers Académiciens. Le seul sonnet de la *belle matineuse* en fit un homme célèbre. On ne parlerait pas aujourdhui d'un tel ouvrage: mais le bon en tout genre était alors aussi rare qu'il est devenu commun depuis. m. en 1647.

DE MARCA (*Pierre*) né en 159'. Etant veuf & ayant plusieurs enfans, il entra dans l'Eglise & fut nommé à l'Archevêché de Paris. Son livre *de la Concorde de l'Empire & du Sacerdoce* est estimé m. en 1662.

DE MAROLLES (*Michel*) né en

Touraine en 1630. fils du célèbre Claude de Marolles Capiraine des Cent-Suisses, connu par son combat singulier à la tête de l'armée de *Henri IV.* contre *Marivaux. Michel,* Abbé de Villeloin, composa soixante-neuf ouvrages, dont plusieurs étaient des traductions très utiles dans leur tems. m. en 1681.

LA MARRE (*Nicolas*) né à Paris 1641. Commissaire au Châtelet. Il a fait une ouvrage qui était de son ressort, *l'Histoire de la Police.* Il n'est bon que pour les Parisiens, & meilleur à consulter qu'à lire. Il eut pour récompense un part sur le produit de la Comédie, dont il ne jouit jamais ; il aurait autant valu assigner aux Comédiens une pension sur les gages du Guet.

DU MARSAIS. Personne n'a connu mieux que lui la Métaphysique de la Grammaire ; personne n'a plus approfondi les principes des Langues. Son livre des *Tropes* est devenu insensiblement nécessaire, & tout ce qu'il a écrit sur la Grammaire mérite d'être étudié. Il était du nombre de ces Philosophes obscurs dont Paris est plein, qui jugent sainement de tout, qui vivent entre eux dans la paix & dans la communication de la raison, ignorés des Grands, & très redoutés de ces Charlatans en tout genre qui veulent dominer sur les esprits. La foule de ces hommes sages est une suite de l'esprit du siécle. m. très âgé en 1755.

MARSOLLIER (*Jacques*) né à Paris en 1657. Chanoine régulier de Ste Géneviéve. Connu par plusieurs histoires bien écrites m. en 1724.

MARTIGNAC (*Etienne*) né en 1628. Le premier qui donna une traduction supportable en prose de *Virgile*, d'*Horace*, &c. Je doute qu'on les traduise jamais heureusement en vers. Ce ne serait pas assez d'avoir leur génie : la différence des Langues est un obstacle presque invincible. m. en 1698.

MASCARON (*Jules*) de Marseille, né en 1634. Evêque de Tulles & puis d'Agen. Ses oraisons funébres lancèrent balancèrent d'abord celles de *Bossuet*, mais aujourdhui elles ne servent qu'à faire voir combien *Bossuet* était un grand homme. m. en 1703.

MASSILLON, né en Provence en 1663. de l'Oratoire, Evêque de Clermont. Le Prédicateur qui a le mieux connu le monde ; plus fleuri que *Bourdaloue*, plus agréable, & dont l'éloquence sent l'homme de Cour, l'Académicien, & l'homme d'esprit ; de plus Philosophe modéré & tolérant. m. en 1742.

MAUCROIX (*François*) né à Noyen en 1619. Historien, Poëte & Littérateur. m. en 1708.

MENAGE (*Gilles*) d'Angers, né en 1613. Il a prouvé, qu'il est plus aisé de faire des vers en Italien qu'en Français. Ses vers Italiens sont estimés même en Italie ; & notre Langue doit beaucoup à ses recherches. Il était savant en plus d'un genre. m. en 1692.

MENETRIER (*Claude François*) né en 1631. a beaucoup servi à la science du Blazon, des Emblêmes

& des Devises. m. en 1705.

MERI (*Jean*) né en Berri en 1645. l'un de ceux qui ont le plus illustré la Chirurgie. Il a laissé des observations utiles. m. en 1722.

MEZERAI (*François*) né à Argentan en Normandie en 1610. Son Histoire de France est très connuë; ses autres écrits le sont moins. Il perdit ses pensions, pour avoir dit ce qu'il croyait, la vérité. D'ailleurs plus hardi qu'exact, & inégal dans son stile. m. en 1683.

MIMEURES (le Marquis de) menin de *Monseigneur* fils de *Louis XIV*. On a de lui quelques morceaux de Poësie qui ne sont pas inférieures à celles de *Racan* & de *Mainard*. Mais comme ils vinrent dans un tems où le bon était très-rare, & le Marquis de *Mimeures* dans un tems où l'Art était perfectionné, ils eurent beaucoup de réputation, & à peine fut-il connu. Son *Ode à Venus* imitée d'*Horace* n'est pas indigne de l'original.

LE MOINE (*Pierre*) Jésuite, né

en 1602. Sa *dévotion aisée* le rendit ridicule. Mais il eût pu se faire un grand nom par sa *Louisiade*. Il avait une prodigieuse imagination. Pourquoi donc ne réussit-il pas? c'est qu'il n'avait ni goût ni connaissance du génie de sa Langue, ni des amis sévères. m. en 1671.

MOLIERE. (*Jean Baptiste*) né à Paris en 1620. Le meilleur des Poëtes comiques de toutes les Nations. Cet article a engagé à relire les Poëtes comiques de l'antiquité. Il faut avouer, que si on compare l'art & la régularité de notre Théatre avec ces scènes décousues des Anciens, ces intrigues faibles, cet usage grossier de faire annoncer par des Acteurs, dans des monologues froids & sans vraisemblance, ce qu'ils ont fait & ce qu'ils veulent faire ; il faut avouer, dis-je, que *Moliére* a tiré la Comédie du Cahos, ainsi que *Corneille* en a tiré la Tragédie ; & que les Français ont été supérieurs en ce point à tous les Peuples de la terre. *Moliére* avait d'ailleurs une autre sorte de mérite que ni *Corneille*, ni *Racine*, ni *Boileau*, ni *la Fontaine* n'avaient pas. Il était Philosophe, & il l'était dans la théorie & dans la pratique. C'est à ce Philosophe que l'Archevêque de Paris *Harlai*, si décrié pour ses mœurs, refusa les vains honneurs de la sépulture : il falut que le Roi engageât ce Prélat à souffrir que *Molière* fût enterré secrettement dans le cimetiére de la petite Chapelle de *St. Joseph* fauxbourg Montmartre. m. en 1673.

L'Abbé MONGAUT. La meilleure traduction qu'on ait faite des Lettres de *Ciceron* est de lui. Elle est enrichie de notes judicieuses & utiles. Il avait été Précepteur du fils du Duc d'Orléans Régent du Royaume.

LA MONNOYE. (*Bernard* né à Dijon en 1641. excellent Littérateur. Il fut le premier qui remporta le prix de Poësie à l'Académie Française, & même son Poëme du *Duël aboli* qui remporta ce prix, est à peu de chose près un des meilleurs ouvrages de Poësie qu'on ait faits en France. m. en 1732.

MONTESQUIEU (*Charles*) Préfident au Parlement de Bordeaux, né en 1689. donna à l'âge de trente-deux ans, les *Lettres Perfanes*, ouvrage de plaifanterie plein de traits qui annoncent un efprit plus folide que fon livre. C'eft une imitation du Siamois de *Du Freny* & de l'*Efpion Turc* ; mais imitation qui fait voir comment ces originaux devaient être écrits. Ces ouvrages d'ordinaire ne réuffiffent qu'à la faveur de l'air étranger ; on met avec fuccès dans la bouche d'un Afiatique la fatyre de notre pays, qui ferait bien moins accueillie dans la bouche d'un compatriote ; ce qui eft commun par foi-même devient alors fingulier. Le génie qui régne dans les *Lettres Perfanes* ouvrit au Préfident *de Montefquieu* les portes de l'Académie Françaife, quoique l'Académie fût maltraitée dans fon livre : mais en même-tems la liberté avec laquelle il parle du Gouvernement, & des abus de la Religion, lui attira une exclusion de la part du Cardinal *de Fleury*. Il prit un tour très-adroit pour mettre le Ministre dans ses intérêts ; il fit faire en peu de jours une nouvelle édition de son livre, dans laquelle on retrancha, ou on adoucit, tout ce qui pouvait être condamné par un Cardinal & par un Ministre. Monsieur *de Montesquieu* porta lui-même l'ouvrage au Cardinal, qui ne lisait guères, & qui en lut une partie. Cet air de confiance soutenu par un empressement de quelques personnes de crédit, ramena le Cardinal, & *Montesquieu* entra dans l'Académie.

Il donna ensuite le Traité sur la *grandeur & la décadence des Romains*; matière usée, qu'il rendit neuve par des réflexions très-fines, & des peintures très-fortes : c'est une histoire politique de l'Empire Romain. Enfin, on vit paraître son *Esprit des Loix*. On a trouvé dans ce livre beaucoup plus de génie que dans *Grotius*, & dans *Puffendorf*. On se fait quelque violence pour lire ces Auteurs ; on lit l'*Esprit des Loix* autant pour son plaisir que pour son inftruction. Ce livre eft écrit avec autant de liberté que les *Lettres Perfanes*, & cette liberté n'a pas peu fervi au fuccès : elle lui attira des ennemis, qui augmentèrent fa réputation, par la haine qu'ils infpiraient contre eux : ce font ces hommes nourris dans les factions obfcures des querelles eccléfiaftiques, qui regardent leurs opinions comme facrées, & ceux qui les méprifent comme facriléges. Ils écrivirent violemment contre le Préfident *de Montefquieu*; ils engagèrent la Sorbonne à examiner fon livre; mais le mépris dont ils furent couverts arrêta la Sorbonne. Le principal mérite de l'*Efprit des Loix* eft l'amour des Loix qui régne dans cet ouvrage : & cet amour des Loix eft fondé fur l'amour du Genre-humain. Ce qu'il y a de plus fingulier, c'eft que l'éloge qu'il fait du Gouvernement Anglais eft ce qui a plu davantage en France. La vive & piquante ironie qu'on y trouve contre l'Inquifition, a charmé tout le monde, hors les Inquifiteurs ; fes réflexions prefque toujours profondes font appuyées d'exemples tirés de l'hiftoire de toutes les Nations. Il eft vrai qu'on lui a reproché de prendre trop fouvent fes exemples dans de petites Nations fauvages & prefque inconnuës, fur les rélations trop fufpectes des voyageurs. Il ne cite pas toujours avec beaucoup d'exactitude ; il fait dire par exemple, à l'Auteur du *Teftament politique* attribué au Cardinal *de Richelieu, que s'il fe trouve dans le peuple quelque malheureux honnête homme, il ne faut pas s'en fervir*. Le *Teftament politique* dit feulement à l'endroit cité, qu'il vaut mieux fe fervir des hommes riches & bien élevés, parce qu'ils font moins corruptibles. Le défaut continuel de méthode dans cet ouvrage, la finguliére affectation de ne mettre fouvent que trois ou quatre lignes dans un chapitre, & encor de ne faire de ces quatre lignes qu'une plaifanterie, ont indifpofé beaucoup de lecteurs ; on s'eft plaint de trouver quelquefois des faillies où l'on attendait des raifonnements ; on a reproché à l'Auteur d'avoir donné trop d'idées

douteufes pour des idées certaines ;
mais s'il n'inſtruit pas toujours ſon
lecteur, il le fait toujours penſer ;
& c'eſt-là un très-grand mérite. Ses
expreſſions vives & ingénieuſes,
dans leſquelles on retrouve l'imagination de *Montaigne* ſon compatriote, ont contribué ſurtout à la grande
réputation de l'*Eſprit des Loix* ; les
mêmes choſes dites par un homme
ſavant & même plus ſavant que lui,
n'auraient pas été luës. Enfin il n'y a
guères d'ouvrages où il y ait plus
d'eſprit, plus d'idées profondes, plus
de choſes hardies, & où l'on trouve
plus à s'inſtruire, ſoit en approu-
vant ſes opinions, ſoit en les combattant. On doit le mettre au rang
des livres originaux qui ont illuſtré
le ſiécle de *Louis XIV*. & qui n'ont
aucun modèle dans l'Antiquité.

Il eſt mort en 1755. en Philoſo-
phe comme il avait vécu.

MONTFAUCON (*Bernard*) né en
1655. Bénédictin. L'un des plus ſavans Antiquaires de l'Europe. m.
en 1741.

MONTPENSIER (*Anne Marie*

Louise d'Orléans) connuë sous le nom de *Mademoiselle*; fille de *Gaston* d'Orléans, née à Paris en 1627. Ses *Mémoires* sont plus d'une femme occupée d'elle, que d'une Princesse témoin de grands événemens; mais il s'y trouve des choses très-curieuses. m. en 1693.

MONTREUIL (*Matthieu* de) l'un de ces écrivains agréables & faciles, dont le siécle de *Louis XIV*. a produit un grand nombre, & qui n'ont pas laissé de réussir dans le genre médiocre. Il y a peu de vrais génies; mais l'esprit du tems & l'imitation ont fait beaucoup d'Auteurs agréables.

MORÉRI (*Louis*) né en Provence en 1643. On ne s'attendait pas que l'Auteur du *Pays d'amour*, & le traducteur de *Rodriguez*, entreprît dans sa jeunesse le premier Dictionnaire de faits, qu'on eût encor vu. Ce grand travail lui coûta la vie. L'ouvrage réformé & très-augmenté porte encor son nom, & n'est plus de lui. C'est une ville nouvelle bâtie sur le plan ancien. Trop de généalogies suspectes ont fait tort surtout à cet ouvrage si utile. m. en 1680. On a fait des suppléments remplis d'erreurs.

MORIN (*Michel Jean-Baptiste*) né en Beaujolois en 1583. Médecin, Mathématicien, & par les préjugés du tems Astrologue. Il tira l'horoscope de *Louis XIV*. Malgré cette charlatanerie, il était savant. m. en 1656.

MORIN (*Jean*) né à Blois en 1591. très-savant dans les Langues Orientales & dans la critique. m. à l'Oratoire en 1659.

MORIN (*Simon*) né en Normandie en 1623. On ne parle ici de lui, que pour déplorer sa fatale folie & celle de *Saint-Sorlin-Desmarets* son accusateur. *Saint-Sorlin* fut un fanatique, qui en dénonça un autre. *Morin*, qui ne méritait que les petites-maisons, fut brulé vif en 1663. avant que la Philosophie eût fait assez de progrès pour empêcher les savans de dogmatiser, & les Juges d'être si cruels.

LA MOTTE-HOUDART (*Antoine*) né à Paris en 1672. célèbre par ses ouvrages, & aimable par ses mœurs. Il avait beaucoup d'amis, c'est-à-dire qu'il y avait beaucoup de gens qui se plaisaient dans sa société. Je l'ai vu mourir sans qu'il eût personne auprès de son lit en 1731.

L'intérêt seul de la vérité oblige à passer ici les bornes ordinaires de ces articles.

Cet homme de mœurs si douces, & de qui jamais personne n'eut à se plaindre, a été accusé après sa mort presque juridiquement d'un crime énorme, d'avoir composé les horribles couplets qui perdirent *Rousseau* en 1710. & d'avoir conduit plusieurs années toute la manœuvre qui fit condamner un innocent. Cette accusation a d'autant plus de poids qu'elle est faite par un homme très-instruit de cette affaire, & faite comme une espèce de testament de mort. *N. Boindin* Procureur général des Trésoriers de France, en mourant en 1752.

laisse un mémoire très-circonstancié dans lequel il charge après plus de quarante années *la Motte-Houdart* de l'Académie Françaife, *Joseph Saurin* de l'Académie des Sciences, & *Malafaire* négociant, d'avoir ourdi toute cette trame, & le Chatelet & le Parlement d'avoir rendu confécutivement les jugements les plus injuftes.

1°. Si *N. Boindin* était en effet perfuadé de l'innocence de *Rouſſeau*, pourquoi tant tarder à la faire connaître? pourquoi ne la pas manifefter au moins immédiatement après la mort de fes ennemis? pourquoi ne pas donner ce mémoire écrit il y a plus de vingt années?

2°. Qui ne voit clairement que le mémoire de *Boindin* eft un libelle diffamatoire, & que cet homme haïffait également tous ceux dont il parle dans cette dénonciation faite à la poftérité?

3°. Il commence par des faits dont on connaît toute la fauffeté. Il prétend que le Comte de *Nocé*, & *N. Melon* Sécretaire du Régent, étaient les affociés de *Malafaire*, petit Marchand Jouaillier. Tous ceux qui les ont fréquentés favent que c'eſt une inſigne calomnie; enſuite il confond *N. la Faie* Sécretaire du Cabinet du Roi avec ſon frére le Capitaine aux Gardes. Enfin comment peut-on imputer à un Jouaillier d'avoir eu part à toute cette manœuvre des couplets ?

4°. *Boindin* prétend que ce Jouaillier & *Saurin* le Géomètre s'unirent avec *la Motte* pour empêcher *Rouſſeau* d'obtenir la penſion de *Boileau* qui vivait encor en 1710. Serait-il poſſible que trois perſonnes de profeſſions ſi différentes ſe fuſſent unies & euſſent médité enſemble une manœuvre ſi refléchie, ſi infame & ſi difficile, pour priver un citoyen alors obſcur d'une penſion qui ne vaquait pas, que *Rouſſeau* n'aurait pas eue, & à laquelle aucun de ces trois aſſociés ne pouvait prétendre ?

5°. Après être convenu que *Rouſſeau* avait fait les cinq premiers couplets ſuivis de ceux qui lui attirèrent ſa diſgrace, il fait tomber ſur *la Motte-Houdart* le ſoupçon d'une douzaine d'autres dans le même goût; & pour unique preuve de cette accusation, il dit que ces douze couplets contre une douzaine de personnes qui devaient s'assembler chez *N. de Villiers*, furent aportés par *la Motte-Houdart* lui-même chez le Sr. de *Villiers*, une heure après que *Rousseau* avait été informé que les intéressés devaient s'assembler dans cette maison. Or, dit-il, *Rousseau* n'avait pû en une heure le tems de composer & transcrire ces vers diffamatoires. C'est *la Motte* qui les aporta, donc *la Motte* en est l'Auteur. Au contraire, c'est, ce me semble, parce qu'il a la bonne foi de les aporter, qu'il ne doit pas être soupçonné de la scéleratesse de les avoir faits. On les a jettés à sa porte, ainsi qu'à la porte de quelques autres particuliers. Il a ouvert le paquet, il y a trouvé des injures atroces contre tous ses amis, & contre lui-même; il vient en rendre compte; rien n'a plus l'air de l'innocence.

6°. Ceux qui s'intéressent à l'histoire de ce mistère d'iniquité doivent savoir, que l'on s'assemblait depuis un mois chez *N. de Villiers*, & que ceux qui s'y assemblaient étaient pour la plûpart les mêmes que *Rousseau* avait déja outragés dans cinq couplets qu'il avait imprudemment récités à quelques personnes. Le premier même de ces douze nouveaux couplets marquait assez que les intéressés s'assemblaient tantôt au caffé, tantôt chez *Villiers*.

Sots assemblés chez de Villiers,
Parmi les sots troupe d'élite,
D'un vil caffé dignes pilliers,
Craignez la fureur qui m'irrite.
Je vais vous poursuivre en tous lieux;
Vous noircir, vous rendre odieux.
Je veux que partout on vous chante;
Vous percer & rire à vos yeux
Est une douceur qui m'enchante.

7°. Il est très-faux que les cinq premiers couplets reconnus pour être de *Rousseau* ne fissent qu'effleurer le ridicule de cinq ou six particuliers, comme le dit le mémoire.

On y voit les mêmes horreurs que dans les autres.

Que le bourreau par son valet
Fasse un jour serrer le sifflet
De Berrin & de sa sequelle;
Que Pecour qui fait le ballet
Ait le fouet au pied de l'échelle.

C'est là le stile de ces cinq premiers couplets avoués par *Rousseau*. Certainement ce n'est pas là de la fine plaisanterie. C'est le même stile que celui de tous les couplets qui suivirent.

8°. Quant aux derniers couplets sur le même air, qui furent en 1710. la matiére du procès intenté à *Saurin* de l'Académie des Sciences, le mémoire ne dit rien que ce que les piéces du procès ont apris depuis longtems. Il prétend seulement que le malheureux qui fut condamné au bannissement pour avoir été suborné par *Rousseau*, devait être condamné aux galères, si en effet il avait été faux témoin. C'est en quoi le Sr. *Boindin* se trompe; car en premier lieu il eût été d'une injustice ridicule de condamner aux galères le suborné, quand on ne décernait que la peine du bannissement au suborneur : en second lieu, ce malheureux ne s'était pas porté accusateur contre *Saurin*. Il n'avait pû être entierement suborné. Il avait fait plusieurs déclarations contradictoires ; & la nature de sa faute, & la faiblesse de son esprit ne comportaient pas une peine exemplaire.

9°. *N. Boindin* fait entendre expressément dans son mémoire, que la maison de *Noailles* & les Jésuites servirent à perdre *Rousseau* dans cette affaire, & que *Saurin* fit agir le crédit & la faveur. Je sais avec certitude, & plusieurs personnes vivantes encor le savent comme moi, que ni la maison de *Noailles* ni les Jésuites ne sollicitèrent. La faveur fut d'abord toute entiére pour *Rousseau* ; car quoique le cri public s'élevât contre lui, il avait gagné deux Secrétaires d'Etat, Monsieur de *Pontchartrain* & Monsieur *Voisin*, que ce cri public n'épouvantait pas. Ce fut sur leurs ordres en forme de follicitations que le Lieutenant-Criminel *le Comte* décréta & emprifonna *Saurin*, l'interrogea, le confronta, le recolla, le tout en moins de vingt-quatre heures, par une procédure précipitée. Le Chancelier reprimanda le Lieutenant-Criminel fur cette procédure violente & inufitée.

Quant aux Jéfuites, il eft fi faux qu'ils fe fuffent déclarés contre *Rouffeau*, qu'immédiatement après la fentence contradictoire du Châtelet, par laquelle il fut unanimement condamné, il fit une retraite au Noviciat des Jéfuites, fous la direction du Pére *Sanadon*, dans le tems qu'il appellait au Parlement. Cette retraite chez les Jéfuites prouve deux chofes; la premiére, qu'ils n'étaient pas fes ennemis; la feconde, qu'il voulait oppofer les pratiques de la Religion aux accufations de libertinage que d'ailleurs on lui fufcitait. Il avait déja fait fes meilleurs Pfaumes, en même tems que fes épigrammes licentieufes qu'il appellait les *gloria patri* de fes

Pſaumes, & *Danchet* lui avait adreſſé ces vers :

> *A te maſquer habile,*
> *Traduis tour à tour*
> *Pétrone à la ville,*
> *David à la Cour. &c.*

Il ne ferait donc pas étonnant qu'ayant pris le manteau de la Religion, comme tant d'autres, tandis qu'il portait celui de Cinique, il eût depuis conſervé le premier qui lui était devenu abſolument néceſſaire. On ne veut tirer aucune conſéquence de cette induction ; il n'y a que DIEU qui connaiſſe le cœur de l'homme.

10°. Il eſt important d'obſerver que pendant plus de trente années que *la Motte-Houdart*, *Saurin* & *Malafaire* ont ſurvécu à ce procès, aucun d'eux n'a été ſoupçonné ni de la moindre mauvaiſe manœuvre, ni de la plus légère ſatyre *La Motte-Houdart* n'a jamais même répondu à ces invectives atroces connuës ſous le nom *Calotes*, & ſous d'autres titres dont un ou deux hommes qui étaient en horreur à tout le monde, l'acablèrent si longtems. Il ne deshonora jamais son talent par la satyre; & même lorsqu'en 1709. outragé continuellement par *Rousseau* il fit cette belle Ode :

> *On ne se choisit point son pére;*
> *Par un reproche populaire*
> *Le Sage n'est point abatu.*
> *Oui, quoi que le vulgaire pense,*
> *Rousseau la plus vile naissance,*
> *Donne du lustre à la vertu. &c.*

Quand, dis-je, il fit cet ouvrage, ce fut bien plutôt une leçon de morale & de Philosophie qu'une satyre. Il exhortait *Rousseau* qui reniait son pére, à ne point rougir de sa naissance. Il l'exhortait à dompter l'esprit d'envie & de satyre. Rien ne ressemble moins à la rage qui respire dans les couplets dont on l'accuse.

Mais *Rousseau* après une condamnation qui devait le rendre sage, soit qu'il fût innocent ou coupable, ne put dompter son penchant. Il outragea souvent par des épigrammes les mêmes personnes attaquées dans les couplets, *la Faye*, *Danchet*, *la Motte-Houdart*, &c. Il fit des vers contre ses anciens & nouveaux protecteurs. On en retrouve quelques-uns dans des lettres peu dignes d'être connuës qu'on a imprimées, & la plûpart de ces vers sont du stile de ces couplets pour lesquels le Parlement l'avait condamné ; témoin ceux-ci contre l'illustre Musicien *Rameau*.

Distilateurs d'accords baroques,
Dont tant d'idiots son férus,
Chez les Thraces & les Iroques
Portez vos Opéra bourus. &c.

On en retrouve du même goût dans le recueil intitulé *porte-feuille de Rousseau*, contre l'Abbé *d'Olivet*, qui avait formé un projet de le faire revenir en France. Enfin lorsque sur la fin de sa vie il vint se cacher quelque tems à Paris affichant la dévotion, il ne put s'empêcher de faire encor des épigrammes violentes. Il est vrai que l'âge avait gâté son stile, mais il ne réforma point son caractère, soit que par un mêlange bizarre, mais ordinaire chez les hommes, il joignît cette atrocité à la dévotion, soit que par une méchanceté non moins ordinaire cette dévotion fût hypocrisie.

11°. Si *Saurin*, *la Motte*, & *Malafaire* avaient comploté le crime dont on les accuse, ces trois hommes ayant été depuis assez mal ensemble, il est bien difficile qu'il n'eût rien transpiré de leur crime. Cette réflexion n'est pas une preuve, **mais** jointe aux autres elle est d'un grand poids.

12°. Si un garçon aussi simple & aussi grossier que le nommé *Guillaume Arnoud*, condamné comme témoin suborné par *Rousseau*, n'avait point été en effet coupable, il l'aurait dit, il l'aurait crié toute sa vie à tout le monde. Je l'ai connu. Sa mére aidait dans la cuisine de mon pére, ainsi qu'il est dit dans le factum de *Saurin*; & sa mére & lui ont dit plusieurs fois à toute ma famille en ma préfence, qu'il avait été juftement condamné.

Pourquoi donc au bout de quarante-deux ans *N. Boindin* a-t-il voulu laiffer en mourant cette accufation authentique contre trois hommes qui ne font plus ? C'eft que le mémoire était compofé il y a plus de vingt ans, c'eft que *Boindin* les haïffait tous trois, c'eft qu'il ne pouvait pardonner à *la Motte* de n'avoir pas follicité pour lui une place à l'Académie Françaife, & de lui avoir avoué que la profeffion publique qu'il faifait d'athéifme lui donnerait l'exclufion. Il s'était brouillé avec *Saurin*, qui était comme lui un efprit altier & inflexible. Il s'était brouillé de même avec *Malafaire*, homme dur & impoli. Il était devenu l'ennemi de *Leriget de la Faie*, qui avait fait contre lui cette épigramme.

Oui, Vadius, on connaît votre efprit ;
Savoir s'y joint ; & quand le cas arrive,
Qu'œuvre paroît par quelque coin fautive ;
Plus aigrement qui jamais la reprit ?
Mais on ne voit qu'en vous auffi fe montre

L'art

L'art de louer le beau qui s'y rencontre,
Dont cependant maints beaux esprits font
    cas.
De vos pareils que voulez-vous qu'on pense?
Eh quoi, qu'ils sont connaisseurs délicats ?
Pas n'en voudrais tirer la conséquence,
Mais bien qu'ils sont gens à fuir de cent
    pas.

    C'était-là en effet le caractère de *Boindin*, & c'est lui qui est peint dans le *Temple du goût* sous le nom de *Bardou*. Il fut dans son Mémoire la dupe de sa haine. Incapable de dire ce qu'il ne croyait pas, & incapable de changer d'avis sur ce que son humeur lui inspirait : ses mœurs étaient irréprochables : il vécut toujours en Philosophe rigide ; il fit des actions de générosité ; mais cette humeur dure & insociable lui donnait des préventions dont il ne revenait jamais.

    Toute cette funeste affaire, qui a eu de si longues suites, & dont il n'y a guères d'hommes plus instruits que moi, dut son origine au plaisir innocent que prenaient plusieurs personnes de mérite de s'assembler dans un caffé. On n'y respectait pas assez la première loi de la société, de se ménager les uns les autres. On se critiquait durement, & de simples impolitesses donnèrent lieu à des haines durables & à des crimes. C'est au lecteur à juger, si dans cette affaire il y a eu trois criminels ou un seul.

Il se pourrait que *Saurin* eût été l'auteur des derniers couplets attribués à *Rousseau*. Il se pourrait que *Rousseau* ayant été reconnu coupable des cinq premiers, *Saurin* eût fait les autres pour le perdre, quoiqu'il n'y eût point de rivalité entre ces deux hommes : mais il n'y a aucune raison d'en accuser *la Motte*. Le but de cet article est seulement de justifier *la Motte* que je crois innocent. Il sera difficile après tout de savoir qui de *Joseph Saurin* ou de *Rousseau* était le coupable; mais *la Motte* ne l'était pas.

DE MOTTEVILLE (*Françoise Bertaut*) née en 1615. en Normandie. Cette Dame a écrit des *Mémoires*, qui regardent particuliérement la Reine *Anne* mére de *Louis XIV.* On y trouve beaucoup de petits faits, avec un grand air de sincérité. m. en 1689.

LE NAIN DE TILLEMONT (*Sébastien*) fils de *Jean le Nain* Maître des Requêtes, né à Paris en 1637. Eléve de *Nicole*, & l'un des plus savans Ecrivains de Port-Royal. Son *Histoire des Empereurs*, & ses seize volumes de l'*Histoire Ecclésiastique*, sont écrits avec autant de vérité que peuvent l'être des compilations d'anciens Historiens ; car l'Histoire, avant l'invention de l'Imprimerie, étant peu contredite, était peu exacte. m. en 1698.

NAUDÉ (*Gabriel*) né à Paris en 1690. Médecin, & plus Philosophe que Médecin. Attaché d'abord au Cardinal *Barberin* à Rome, puis au Cardinal de *Richelieu*, au Cardinal *Mazarin*, & ensuite à la Reine *Christine*, dont il alla quelque tems grossir la Cour savante ; retiré enfin à Abbeville, où il mourut dès qu'il fut libre. De tous ses livres, son

Apologie des grands hommes accusés de Magie, est presque le seul qui soit demeuré. On ferait un plus gros livre des grands hommes accusés d'impiété depuis *Socrate*.

*Populus nam solos credit habendos
Esse Deos quos ipse colit.*

m. en 1653.

NEMOURS (*Marie de Longueville* Duchesse de) née en 1625. On a d'elle des *Mémoires*, où l'on trouve quelques particularités des tems malheureux de la Fronde m. en 1707.

NEVERS (*Philippe* Duc de) On a de lui des piéces de Poësie d'un goût très singulier. Il ne faut pas s'en raporter au Sonnet parodié par *Racine* & *Despréaux* :

*Dans un Palais doré Nevers jaloux & blême
Fait des vers où jamais personne n'entend rien.*

Il en faisait qu'on entendait très-aisément & avec grand plaisir, comme ceux-ci contre *Rancé* la fameux Réformateur de la Trappe qui avait écrit contre l'Archevêque *Fénélon*.

Cet Abbé qu'on croyait paitri de sainteté,
Vieilli dans la retraite & dans l'humilité,
Orgueilleux de ses croix, bouffi de sa souf-
  france,
Rompt ses sacrés statuts en rompant le si-
  lence,
Et contre un saint Prélat s'animant aujour-
  d'hui
Du fond de ses deserts déclame contre lui,
Et moins humble de cœur que fier de sa doc-
  trine,
Il ose décider ce que Rome examine.

Son esprit & ses talens se sont perfectionnés dans son petit-fils. m. en 1707.

NICERON (*Jean Pierre*) Barnabite, né à Paris en 1685. Auteur des *Mémoires sur les hommes illustres dans les Lettres*. Tous ne sont pas illustres ; mais il parle de chacun convenablement ; il n'appelle point un orfèvre grand homme. Il mérite d'avoir place parmi les favans utiles. m. en 1738.

NICOLE (*Pierre*) né a Chartres en 1625. Un des meilleurs Ecrivains de Port-Royal. Ce qu'il a écrit contre les Jéfuites n'eft guères lû aujourdhui ; & fes *Effais de Morale*, qui font utiles au genre humain, ne périront pas. Le chapitre furtout des moyens de conferver la paix dans la fociété eft un chef-d'œuvre, auquel on ne trouve rien d'égal dans l'Antiquité en ce genre ; mais cette paix eft peut-être auffi difficile à établir que celle de l'Abbé de *Saint-Pierre*. m. en 1695.

D'ORLEANS (*Joseph*) Jéfuite. Le premier qui ait choifi dans l'Hiftoire les révolutions pour fon feul objet. Celles d'Angleterre qu'il écrivit, font d'un ftile éloquent ; mais depuis le régne de *Henri VIII*. il eft plus difert que fidéle. m. en 1698.

OZANAM (*Jacques*) Juif d'origine, né près de Dombes en 1640. Il apprit la Géométrie fans maître dès l'âge de quinze ans. Il eft le premier qui ait fait un *Dictionnaire de Mathématiques*. Ses *Récréations Mathématiques* ont toûjours un grand débit. m. en 1717.

PAGI (*Antoine*) Provençal, né en 1624. Franciscain. Il a corrigé *Baronius*, & a eu pension du Clergé pour cet ouvrage. m. en 1699.

PAPIN (*Isaac*) né à Blois en 1657. Calviniste. Ayant quitté sa Religion, il écrivit contre elle. m. en 17-9.

PARDIES (*Ignace Gaston* Jésuite, né à Pau en 1638. connu par ses *Elémens de Géométrie*, & par son livre *sur l'ame des bêtes*. Prétendre avec *Descartes* que les animaux sont de pures machines privées du sentiment dont ils ont les organes, c'est démentir l'expérience & insulter la Nature. Avancer qu'un esprit pur les anime, c'est dire ce qu'on ne peut prouver. Reconnaître que les animaux sont douées de sensations & de mémoire, sans savoir comment cela s'opère, ce serait parler en sage qui sait que l'ignorance vaut mieux que l'erreur. Car quel est l'ouvrage de la Nature dont on connaisse les premiers principes. m. en 1673.

PARENT (*Antoine*) né à Paris en 1666. bon Mathématicien. Il est encor un de ceux qui apprirent la Géométrie sans maître. Ce qu'il y a de plus singulier de lui, c'est qu'il vécut longtems à Paris libre & heureux avec moins de deux-cent livres de rente. m. en 1716.

PASCAL (*Blaise*) fils du premier Intendant qu'il y eut à Rouen, né en 1623. génie prématuré. Il voulut se servir de la supériorité de ce génie, comme les Rois de leur puissance; il crut tout soumettre & tout abaisser par la force. Ce qui a le plus revolté certains lecteurs dans ses *Pensées*, c'est l'air despotique & méprisant dont il débute. Il ne fallait commencer que par avoir raison. Au reste la langue & l'éloquence lui doivent beaucoup. Les ennemis de *Pascal* & d'*Arnauld* firent supprimer leurs éloges dans le livre des *Hommes illustres* de *Perraut*. Sur quoi on cita ce passage de *Tacite:*

Præfulgebant Caſſius & Brutus eo ipſo quod eorum effigies non viſebantur. m. en 1662.

PATIN (*Gui*) né à Houdan en 1601. Médecin, plus fameux par ſes lettres médiſantes que par ſa Médecine. Son recueil de lettres a été lu avec avidité, parce qu'elles contiennent des nouvelles & des anecdotes que tout le monde aime, & des ſatyres qu'on aime davantage. Il ſert à faire voir, combien les Auteurs comtemporains, qui écrivent précipitamment les nouvelles du jour, ſont des guides infidéles pour l'Hiſtoire. Ce nouvelles ſe trouvent ſouvent fauſſes ou défigurées par la malignité; d'ailleurs cette multitude de petits faits n'eſt guères précieuſe qu'aux petits eſprits. m. en 1672.

PATIN (*Charles*) né à Paris en 1633. fils de *Gui Patin*. Ses ouvrages ſont lus des ſavans, & les lettres de ſon pére le ſont des gens oiſifs. *Charles Patin* très ſavant Antiquaire quitta la France, & mourut

Professeur en Médecine à Padoue en 1693.

PATRU (*Olivier*) né à Paris en 1604. le premier qui ait introduit la pureté de la Langue dans le Barreau. Il reçut dans sa dernière maladie une gratification de *Louis XIV*. à qui on dit qu'il n'était pas riche. m. en 1681.

Pavillon (*Étienne*) né à Paris en 1632. Avocat-général au Parlement de Metz, connu par quelques Poësies écrites naturellement. m. en 1705.

PELISSON-FONTANIER (*Paul*) né Calviniste à Besiers en 1624. Poëte médiocre à la vérité, mais homme très-savant & très éloquent; premier Commis & confident du Surintendant *Fouquet*; mis à la Bastille en 1661. Il y resta quatre ans & demi pour avoir été fidèle à son Maître. Il passa le reste de sa vie à prodiguer des éloges au Roi, qui lui avait ôté sa liberté: c'est une chose qu'on ne voit que dans les Monarchies. Beaucoup plus Courtisan que Philosophe, il changea de

Religion, & fit sa fortune. Maître des Comptes, Maître des Requêtes, & Abbé, il fut chargé d'employer le revenu du tiers des économats à faire quitter aux Huguenots leur Religion qu'il avait quittée. Son Histoire de l'Académie fut très aplaudie. On a de lui beaucoup d'ouvrages, des *Priéres pendant la Messe*, un *Traité sur l'Eucharistie*, un *Recueil de piéces galantes*, beaucoup de vers amoureux à *Olimpe*. Cette *Olimpe* était Mlle. *des Vieux*, qu'on prétend avoir épousé le célèbre *Bossuet* avant qu'il entrât dans l'Eglise ; mais ce qui a fait le plus d'honneur à *Pélisson*, ce sont ses excellents discours pour Mr. *Fouquet*, & son Histoire de la Conquête de la Franche-Comté. Les Protestans ont prétendu qu'il était mort avec indifférence ; les Catholiques ont soûtenu le contraire. m. en 1693.

PERRAULT (*Claude*) né à Paris en 1613. Il fut Médecin ; mais il n'exerça la Médecine que pour ses amis. Il devint, sans aucun maître, habile dans tous les Arts qui ont du rapport au deſſein, & dans les Mécaniques. Bon Phyſicien, grand Architecte. Il encouragea les Arts ſous la protection de *Colbert*, & eut de la réputation malgré *Boileau*. m. en 1688.

PERRAULT (*Charles*) né en 1626. frére de *Claude*. Controlleur-général des Bâtimens ſous *Colbert*, donna la forme aux Académies de Peinture, de Sculpture & d'Architecture. Utile aux gens de Lettres, qui le recherchèrent pendant la vie de ſon protecteur, & qui l'abandonnèrent enſuite. On lui a reproché d'avoir trouvé trop de défauts dans les Anciens; mais ſa grande faute eſt de les avoir critiqués mal-adroitement, & de s'être fait des ennemis de ceux même qu'il pouvait oppoſer aux anciens. Cette diſpute a été & ſera longtems une affaire de parti comme elle l'était du tems d'*Horace*. Que de gens encor en Italie, qui ne pouvant lire *Homère* qu'avec dégout, & liſant tous les jours l'*Arioſte* & le *Taſſe* avec tranſport, appellent encor *Homère* incomparable! m. en 1703.

PETAU (*Denis*) né à Orléans en 1583. Jésuite. Il a réformé la Chronologie. On a de lui soixante & dix ouvrages. m. en 1652.

PETIS DE LA CROIX (*François*) l'un de ceux dont le grand Ministre *Colbert* encouragea & récompensa le mérite. *Louis XIV.* l'envoya en Turquie & en Perse à l'âge de seize ans, pour aprendre les Langues Orientales. Qui croirait qu'il a composé une partie de la vie de *Louis XIV.* en Arabe, & que ce livre est estimé dans l'Orient ? On a de lui *l'Histoire de Gengiskam & de Tamerlan*, tirée des anciens Auteurs Arabes, & plusieurs livres utiles ; mais sa traduction des *Mille & un jour*, est ce qu'on lit le plus.

L'homme est de glace aux vérités,
Il est de feu pour le mensonge.

m. en 1713.

PETIT (*Pierre*) né à Paris en 1617. Philosophe & savant. Il n'a écrit qu'en Latin. m. en 1687.

PEZRON (*Paul* de l'origine de Citeaux. Né en Bretagne en 1639. grand Antiquaire, qui a travaillé sur l'origine de la Langue des Celtes. m. en 1706.

DU PIN (*Louis*) né en 1637. Docteur de Sorbonne. Sa *Bibliothéque des Auteurs Ecclésiaft. ques* lui a fait beaucoup de réputation & quelques ennemis. m. en 1719.

LA PLACETTE (*Jean*) de Béarn, né en 1639. Ministre Proteftant à Copenhague & en Hollande. Estimé pour ses divers ouvrages. m. à Utrecht en 1718.

DE POLIGNAC (*Melchior*) Cardinal, né au Vélay en 1662. Auffi bon Poëte Latin qu'on peut l'être dans une Langue morte; très éloquent dans la sienne. L'un de ceux qui ont prouvé, qu'il est plus aisé de faire des vers Latins que des vesr Français. Malheureusement pour lui en combattant *Lucréce*, il combat *Newton*. m. en 1741.

PORÉE (*Charles*) né en Normandie en 1675. Jésuite. Du petit nombre des Professeurs qui ont eu de la célébrité chez les gens du monde. Eloquent dans le goût de *Sénéque*. Poëte très bel esprit. Son plus grand mérite fut de faire aimer les Lettres & la vertu à ses disciples. m. en 1741.

Du Pui (*Pierre*) fils de *Claude du Pui* Conseiller au Parlement, très-savant homme, naquit en 1583. La science de *Pierre du Pui* fut utile à l'Etat. Il travailla plus que personne à l'inventaire des Chartes & aux recherches des Droits du Roi sur plusieurs Etats. Il débrouilla autant qu'on le peut la Loi Salique, & prouva les libertés de l'Eglise Gallicane, qui ne sont qu'une partie des anciens droits des anciennes Eglises. Il résulte de son Histoire des Templiers, qu'il y avait quelques coupables dans cet Ordre, mais que la condamnation de l'Ordre entier, & le supplice de tant de Chevaliers, furent une des plus horribles injustices qu'on ait jamais commises. m. en 1652.

DE PUY-SEGUR (le Maréchal) Il nous a laissé *l'Art de la guerre*, comme *Boileau* a donné l'Art Poëtique.

QUENEL (*Pâquier*) né en 1634. de l'Oratoire. Il a été malheureux en ce qu'il s'est vû le sujet d'une grande division parmi ses compatriotes. D'ailleurs il a vécu pauvre & dans l'exil. Ses mœurs étaient sévères, comme celles de tous ceux qui ne sont occupés que de disputes. Trente pages changées & adoucies dans son livre auraient épargné des querelles à sa patrie ; mais il eût été moins célèbre. m. en 1719.

LE QUIEN (*Michel*) né en 1661. Dominicain. Homme très savant. Il a beaucoup travaillé sur les Eglises d'Orient & sur celle d'Angleterre. Il a surtout écrit contre *le Courayer* sur la validité des Ordinations des Evêques Anglicans. Mais les Anglais ne font pas plus de cas de ces disputes, que les Turcs n'en font des dissertations sur l'Eglise Grecque. m. en 1703.

QUINAULT (*Philippe*) né à Paris

en 1635. Auditeur des Comptes, célèbre par ses belles Poësies lyriques, & par la douceur qu'il opposa aux satyres très injustes de *Boileau*. *Quinault* était dans son genre très supérieur à *Lulli*. On le lira toûjours ; & *Lulli*, à son récitatif près, ne peut plus être chanté. Cependant on croyait, du tems de *Quinault*, qu'il devait à *Lulli* sa réputation. Le tems apprécie tout. Il eut part, comme les autres grands hommes, aux récompenses que donna *Louis XIV*. m. en 1688.

Le Marquis de QUINCY, Lieutenant-Général d'Artillerie, Auteur de l'Histoire militaire de *Louis XIV*. Il entre dans de grands détails, utiles pour ceux qui veulent suivre dans leur lecture les opérations d'une Campagne. Ces détails pourraient fournir des exemples, s'il y avait des cas pareils ; mais il ne s'en trouve jamais, ni dans les affaires, ni dans la guerre. Les ressemblances sont toûjours imparfaites, les différences toujours grandes. La conduite de la guerre est comme les jeux d'adresse, qu'on n'apprend que par l'usage ; & les jours d'action sont quelquefois des jeux de hazard.

LA QUINTINIE ′Jean′ né à Poitiers en 1626. Il a créé l'art de la culture des jardins & de la transplantation des arbres. Ses préceptes ont été suivis de toute l'Europe, & ses talens récompensés magnifiquement par *Louis XIV*. mort en

RACINE (*Jean*) né à la Ferté-Milon en 1639. élevé à Port-Royal. Il portait encor l'habit ecclésiastique quand il fit la Tragédie de *Théagène* qu'il présenta à *Moliére*, & celle des *Fréres ennemis*, dont *Moliére* lui donna le sujet. Il est intitulé Prieur de l'Epinai dans le privilège de l'*Andromaque*. *Louis XIV*. fut sensible à son extrême mérite. Il lui donna une Charge de Gentilhomme ordinaire, le nomma quelquefois des voyages de Marly, le fit coucher dans sa chambre dans une de ses maladies, & le combla de gratifications. Cependant *Racine* mourut de chagrin ou de crainte de lui avoir déplu. Il n'était pas aussi

Philosophe que grand Poëte. On lui a rendu justice fort tard. « Nous » avons été touchés, dit *Saint-Evre-* » *mont*, de *Mariamne*, de *Sopho-* » *nisbe*, d'*Alcionée*, d'*Andromaque*, » & de *Britannicus*. « C'est ainsi qu'on mettait non seulement la mauvaise *Sophonisbe* de *Corneille*, mais encor les impertinentes piéces d'*Alcionée* & de *Mariamne*, à côté de ces chefs-d'œuvre immortels. L'or est confondu avec la bouë pendant la vie des Artistes, & la mort les sépare. m. en 1699.

RANCÉ (*Jean de Bouthillier*) né en 1626. Commança par traduire *Anacréon*, & institua la réforme effrayante de la Trappe en 1664. Il se dispensa, comme Législateur, de la loi qui force ceux qui vivent dans ce tombeau, à ignorer ce qui se passe sur la Terre. Il écrivit avec éloquence. Quelle inconstance dans l'homme ! Après avoir fondé & gouverné son Institut, il se démit de sa place, & voulut la reprendre m. en 1700.

RAPIN (*René*) né à Tours en 1621.

Jésuite, connu par le *Poëme des jardins* en latin, & par beaucoup d'ouvrages de Littérature. m. en 16 7.

RAPIN DE THOIRAS (*Paul*) né à Castres en 1661. réfugié en Angleterre, & longtems Officier. L'Angleterre lui doit la meilleure histoire qu'on ait de ce Royaume, & la seule impartiale dans un pays où l'on n'écrit guères que par esprit de parti. m. à Wésel en 1725.

REGIS (*Silvain*) né en Agénois en 1632. Ses livres de Philosophie n'ont plus de cours depuis les grandes découvertes qu'on a faites. mort en 1707.

REGNARD (*François*) né à Paris en 1647. Il eût été célèbre par ses seuls voyages. C'est le premier Français qui alla jusqu'en Laponie. Il grava sur un rocher ce vers: *Sistimus hîc tandem nobis ubi defuit orbis*. Pris sur la mer de Provence par des Corsaires, esclave à Alger, racheté, établi en France dans les Charges de Trésorier de France & de Lieutenant des eaux & forêts. Il vécut en voluptueux & en Philosophe. Né avec un génie vif, gai & vraiment comique. Sa comédie du *Joueur* est mise à côté de celles de *Moliére*. Il faut se connaître peu aux talens & au génie des Auteurs, pour penser qu'il ait dérobé cette piéce à *Dufréni*. Il dédia la comédie des *Ménechmes* à *Despréaux*, & ensuite écrivit contre lui, parce que *Boileau* ne lui rendit pas assez de justice. Cet homme si gai mourut de chagrin à cinquante-deux ans. On prétend même qu'il avança ses jours. m. en 1699.

REGNIER DESMARETS (*Séraphin*) né à Paris en 1632. Il a rendu de grands services à la Langue, & est auteur de quelques Poësies Françaises & Italiennes. Il fit passer une de ses piéces Italiennes pour être de *Pétrarque*. Il n'eût pas fait passer ses vers Français sous le nom d'un grand Poëte. m. en 1713.

RENAUDOT (*Théophraste*) Médecin, très savant en plus d'un genre. Le premier auteur des gazettes en France. m. en 1679.

RENAUDOT (*Eusèbe*) né en 1646. très savant dans l'Histoire & dans les Langues de l'Orient. On peut lui reprocher d'avoir empêché que le Dictonaire de *Bayle* ne fût imprimé en France. m. en 1720.

RICHELET (*César Pierre*) le premier qui ait donné un Dictionnaire presque tout satyrique, exemple plus dangereux qu'utile.

DU RIER (*André* Gentilhomme ordinaire de la Chambre du Roi, longtems employé à Constantinople & en Egypte. Nous avons de lui la traduction de l'*Alcoran* & de l'*histoire de Perse*.

DU RIER (*Pierre*) né à Paris en 1605. Secrétaire du Roi, Historiographe de France. Pauvre malgré ses Charges. Il fit dix-neuf pièces de Théatre & treize traductions, qui furent toutes bien reçuës de son tems. m. en 1658.

LA ROCHEFOUCAULT *François* Duc de, né en 1613. Ses Mémoires sont lus, & on sait par cœur ses pensées. m. en 1630.

ROHAULT *Jacques* né à Amiens en 1610. Il abrégea & il exposa avec clarté & méthode la Philosophie de *Descartes*. Mais aujourdhui cette Philosophie, erronée presque en tout, n'a d'autre mérite que celui d'avoir été opposée aux erreurs anciennes. m. en 1675.

ROLLIN *Charles* né à Paris en 1661. Recteur de l'Université. Le premier de ce Corps qui a écrit en Français avec pureté & noblesse. Quoique les derniers tomes de son *Histoire ancienne* faits trop à la hâte ne répondent pas au premier, c'est encor la meilleure compilation qu'on ait en aucune Langue, parce que les compilateurs sont rarement éloquens & que *Rollin* l'était. Son livre vaudrait beaucoup mieux s'il avait été Philosophe. Il y a beaucoup d'histoires anciennes; il n'y en a aucune dans laquelle on apperçoive cet esprit philosophique qui distingue le faux du vrai, l'incroyable du vraisemblable, & qui sacrifie l'inutile. m. en 1741.

ROTROU (Jean) né en 16.9. le fondateur du Théatre. La premiére ſcène & une partie du quatriéme Acte de *Venceslas* ſont des chefs-d'œuvre. *Corneille* l'appellait ſon pére. On ſait combien le pére fut ſurpaſſé par le fils. *Venceslas* ne fut compoſé qu'après le *Cid*. m. en 1650.

ROUSSEAU (*Jean Baptiſte*) né à Paris en 1669. De très beaux vers, de grandes fautes & de longs malheurs le rendirent très fameux. Il faut ou lui imputer les couplets qui le firent bannir, couplets ſemblables à pluſieurs qu'il avait avoués, ou flétrir deux Tribunaux qui prononcèrent contre lui. Ce n'eſt pas que deux Tribunaux, & même des Corps plus nombreux, ne puiſſent commettre unanimément de très violentes injuſtices, quand l'eſprit de parti domine. Il y avait un parti furieux acharné contre *Rouſſeau*. Peu d'hommes ont autant excité & ſenti la haine. Tout le public fut ſoulevé contre lui juſqu'à ſon banniſſement, & même encor quelques années après ; mais enfin les ſuccès

de

de *la Motte* son rival, l'accueil qu'on lui faisait, sa réputation qu'on croyait usurpée, l'art qu'il avait eu de s'établir une espèce d'empire dans la Littérature, révoltèrent contre lui tous les gens de lettres & les ramenèrent à *Rousseau* qu'ils ne craignaient plus. Ils lui rendirent presque tout le public. *La Motte* leur parut trop heureux parce qu'il était riche & accueilli. Ils oubliaient que cet homme était aveugle & accablé de maladies. Ils voyaient dans *Rousseau* un banni infortuné, sans songer qu'il est plus triste d'être aveugle & malade que de vivre à Vienne & à Bruxelles. Tous deux étaient en effet très malheureux, l'un par la nature, l'autre par l'avanture funeste qui le fit condamner. Tous deux servent à faire voir combien les hommes sont injustes, combien ils varient dans leurs jugements, & qu'il y a de la folie à se tourmenter pour arracher leurs suffrages. m. à Bruxelles en 1740. Voyez l'Article *la Mottes*.

DE LA RUE (*Charles*) né en 1643.

Jésuite. Poëte Latin, Poëte Français & Prédicateur. L'un de ceux qui travaillèrent à ces livres nommés *Dauphins*, pour l'éducation de *Monseigneur*. *Virgile* lui tomba en partage. m. en 1725.

RUINARD (*Thierri*) Bénédictin, m. en 1707. laborieux Critique: il a soutenu contre *Doduel* l'opinion, que *l'Eglise eut dans les premiers tems une foule prodigieuse de Martyrs*. Peut-être n'a-t-il pas assez distingué les martyres, & les morts ordinaires; les persécutions pour cause de Religion, & les persécutions politiques. Quoi qu'il en soit, il est au nombre des savants hommes du tems. C'est principalement dans ce siécle que les Bénédictins ont fait les plus profondes recherches, comme *Martène* sur les anciens rites de l'Eglise. *Tuilier* & tant d'autres ont achevé de tirer de dessous terre les décombres du moyen âge. C'est encor un genre nouveau qui n'apartient qu'au siécle de *Louis XIV*. & ce n'est qu'en France que les Bénédictins y ont excellé.

DE LA SABLIERE (*Antoine de Rambouillet*) Ses Madrigaux sont écrits avec une finesse qui n'exclut pas le naturel. m. en 1680.

SACY LE MAITRE (*Louis Isaac*) né en 1613. l'un des bons Ecrivains de Port-Royal. C'est de lui qu'est la *Bible de Royaumont*, & une *traduction des Comédies de Térence*. m. en 1684. Son frère *Antoine le Maître* se retira comme lui à Port Royal. Il avait été Avocat; on le croyait un homme très éloquent; mais on ne le crut plus dès qu'il eut cédé à la vanité de faire imprimer ses plaidoyers. Un autre *Sacy* Avocat, & de l'Académie Française, mais d'une autre famille, a donné une traduction estimée des *Lettres de Pline* en 1701.

LE SAGE, né en 1667. Son Roman de *Gil Blas* est demeuré, parce qu'il y a du naturel. mort en 1747.

SAINT-AULAIRE (*François Joseph de Beaupoil* Marquis de) C'est une chose très singuliére, que les plus jolis vers qu'on ait de lui, ayent été faits lorsqu'il était plus que nonagénaire. Il ne cultiva guéres le talent de la Poësie qu'à l'âge de plus de soixante ans, comme le Marquis de *la Fare*. Dans les premiers vers qu'on connut de lui, on trouve ceux-ci qu'on attribua à *la Fare* :

O Muse légére & facile,
Qui sur le côteau d'Hélicon
Vintes offrir au vieil Anacréon
Cet art charmant, cet art utile,
Qui sait rendre douce & tranquile
La plus incommode saison ;
Vous qui de tant de fleurs sur le Parnasse écloses
Orniez à ses côtés les graces & les ris,
Et qui cachiez ses cheveux gris
Sous tant de couronnes de roses,
&c.

Ce fut sur cette piéce qu'il fut reçu à l'Académie ; & *Boileau* alléguait cette même piéce pour lui refuser son suffrage. Il est mort en 1742. à près de cent ans, d'autres disent à cent-deux. Un jour à l'âge de plus de quatre-vingt-quinze ans, il soupait avec Madame la Duchesse du Maine : Elle l'appellait *Apollon*, & lui demandait je ne sai quel secret. Il lui répondit :

La Divinité qui s'amuse
  A me demander mon secret;
Si j'étais Apollon, ne serait point
  ma Muse :
Elle serait Thétis, & le jour finirait.

Anacréon moins vieux fit de bien moins jolies choses. Si les Grecs avaient eu des Ecrivains tels que nos bons Auteurs, ils auraient été encor plus vains, & nous leur applaudirions aujourdhui avec encor plus de raison.

SAINTE-MARTHE. Cette famille a été pendant plus de cent années féconde en savans. Le premier *Gaucher de Sainte-Marthe*, fut *Charles*, qui fut éloquent pour son tems. m. en 1555.

Scevole, neveu de *Charles*, se distingua dans les Lettres & dans les affaires. Ce fut lui qui réduisit Poitiers sous l'obéissance de *Henri IV*. Il mourut à Loudun en 1623. & le fameux *Urbain Grandier* prononça son oraison funébre.

Abel de Sainte-Marthe son fils cultiva les Lettres comme son pére, & mourut en 1652. Son fils nommé *Abel* comme lui, marcha sur ses traces. m. en 1706.

Scévole & Louis de Sainte-Marthe, fréres jumeaux, fils du premier *Scévole*. Enterrés tous deux à Paris dans le même tombeau à *St. Séverin*, furent illustres par leur savoir. Ils composèrent ensemble le *Gallia Christiana*.

Denis de Sainte-Marthe, leur frére, acheva cet ouvrage. m. à Paris en 1725.

Pierre Scévole de Sainte-Marthe, frére ainé du dernier *Scévole*, fut Historiographe de France. mort en 1690.

SAINT-EVREMONT (*Charles*) né en Normandie en 1613. Une morale voluptueuse, des lettres écrites à des gens de Cour dans un tems où ce mot de Cour était prononcé avec emphase par tout le monde, des vers médiocres qu'on appelle des vers de *société* faits dans des sociétés illustres, tout cela avec beaucoup d'esprit contribua à la réputation de ses ouvrages. Un nommé *Des Maizeaux* les a fait imprimer, avec une vie de l'Auteur, qui contient seule un gros volume; & dans ce gros volume il n'y a pas quatre pages intéressantes. Il n'est grossi que des mêmes choses qu'on trouve dans les œuvres de *Saint Evremont* : c'est un artifice de Libraire, un abus du métier d'éditeur. C'est par de tels artifices qu'on a trouvé le secret de multiplier les livres à l'infini sans multiplier les connaissances. On connaît son exil, sa Philosophie & ses ouvrages. Quand on lui demanda à sa mort s'il voulait se réconcilier, il répondit : » Je voudrais me ré- » concilier avec l'appétit. « Il est enterré à Westminster avec les Rois & les hommes illustres d'Angleterre. m. en 1703.

SAINT PAVIN (*Denis Sanguin de*) Il était au nombre des hommes de mérite, que *Despreaux* confondit dans ses Satyres avec les mauvais Ecrivains. Le peu qu'on a de lui, passe pour être d'un goût délicat. On peut connaître son mérite personnel par cette épitaphe, que fit pour lui *Fieubet* le Maître des Requêtes, l'un des esprits les plus polis de ce siécle.

> *Sous ce tombeau gît Saint-Pavin :*
> *Donne des larmes à sa fin.*
> *Tu fus de ses amis peut-être ?*
> *Pleure ton sort & le sien :*
> *Tu n'en fus pas ? pleure le tien,*
> *Passant, d'avoir manqué d'en être.*

m. en 1670.

L'Abbé de SAINT-PIERRE (*Castel*) Gentilhomme de Normandie, n'ayant qu'une fortune médiocre la partagea quelque tems avec les célèbres *Varignon* & *Fontenelle*. Il écrivit beaucoup sur la Politique.

La meilleure définition qu'on ait faite en général de ses ouvrages est ce qu'en disait le Cardinal *du Bois*, que c'étaient les rêves d'un bon citoyen. Il avait la simplicité de rebattre dans ses ouvrages les vérités les plus triviales de la Morale; & par une autre simplicité, il proposait presque toujours des choses impossibles comme praticables. Il ne cessa d'insister sur le projet d'une paix perpétuelle, & d'une espéce de Parlement de l'Europe, qu'il appelle la *Diette Europaine*. On avait imputé une partie de ce projet chimérique au Roi *Henri IV*. & l'Abbé *St. Pierre* pour apuyer ses idées prétendait que cette *Diette Europaine* avait été aprouvée & redigée par le Dauphin Duc de Bourgogne, & qu'on en avait trouvé le plan dans les papiers de ce Prince. Il se permettait cette fiction pour mieux faire goûter son projet. Il raporte avec bonne foi la lettre par laquelle le Cardinal de *Fleuri* répondit à ses propositions: *Vous avez oublié, Monsieur, pour article préliminaire, de commencer par envoyer une troupe de Mission-*

naires pour difposer le cœur & l'efprit des Princes. Cependant l'Abbé de St. Pierre ne laiffa pas enfin d'être très utile. Il contribua beaucoup à délivrer la France de la tyrannie de la Taille arbitraire; il écrivit & il agit en homme d'Etat fur cette feule matiére. Il fut unanimement exclus de l'Académie Françaife, pour avoir fous la Régence du Duc d'Orléans préféré un peu durement dans fa *Polifinodie* l'établiffement des Confeils à la maniére de gouverner de *Louis XIV*. Protecteur de l'Académie. Ce fut le Cardinal de *Polignac* qui fit une brigue pour l'exclure, & qui en vint à bout. Ce qu'il y a d'étrange, c'eft que dans ce tems là même, le Cardinal de *Polignac* confpirait contre le Régent, & que ce Prince qui donnait un logement au Palais Royal à *St. Pierre*, & qui avait toute fa famille à fon fervice, fouffrit cette exclufion. L'Abbé de *St Pierre* ne fe plaignit point. Il continua de vivre en Philofophe avec ceux même qui l'avaient exclus. *Boyer* ancien Evêque de Mirepoix fon confrère empêcha qu'à fa mort on ne prononçât son éloge à l'Académie selon la coûtume. Ces vaines fleurs qu'on jette sur le tombeau d'un Académicien n'ajoutent rien ni à sa réputation ni à son mérite ; mais le refus fut un outrage ; & les services que l'Abbé de *St. Pierre* avait rendus, sa probité & sa douceur, méritaient un autre traitement. Il mourut en 1743. âgé de quatre-vingt-deux ans. Je lui demandai, quelques jours avant sa mort, comment il regardait ce passage ; il me répondit ; *Comme un voyage à la campagne.*

Le Traité le plus singulier qu'on trouve dans ses ouvrages, est l'anéantissement futur du Mahométisme. Il assure qu'un tems viendra où la raison l'emportera chez les hommes sur la superstition. Les hommes comprendront, dit-il, qu'il suffit de la patience, de la politesse & de la bienfaisance pour plaire à Dieu. Il est impossible, dit il encor, qu'un livre où l'on trouve des propositions fausses données comme vraies, des choses absurdes opposées au sens commun, des louanges données à des actions injustes, ait été revelé par un être parfait. Il prétend que dans cinq-cent ans tous les esprits, jusqu'aux plus grossiers, seront éclairés sur ce livre, que le grand Mufti même & les Cadis verront qu'il est de leur intérêt de détromper la multitude, & de se rendre plus nécessaires & plus respectés en rendant la Religion plus simple. Ce Traité est curieux.

SALLO (*Denis*) né en 1626. Conseiller au Parlement de Paris. Inventeur des Journaux. *Bayle* perfectionna ce genre : deshonoré ensuite par quelques Journaux, que publièrent à l'envi des Libraires avides, & que des Ecrivains obscurs remplirent d'extraits infidéles, d'inepties & de mensonges. Enfin on est parvenu jusqu'à faire un trafic public d'éloges & de censures, surtout dans des feuilles périodiques ; & la Littérature a éprouvé le plus grand avilissement par ces infames manéges. m. en 1669.

SANDRAS DE COURTILS, né à Montargis en 1644. On ne place

ici son nom, que pour avertir les Français, & surtout les étrangers, combien ils doivent se défier de tous ces faux Mémoires imprimés en Hollande. *Courtils* fut un des plus coupables Ecrivains de ce genre. Il inonda l'Europe de fictions, sous le nom d'Histoires. Il était bien honteux, qu'un Capitaine du Régiment de Champagne allât en Hollande vendre des mensonges aux Libraires. Lui & ses imitateurs qui ont écrit tant de libelles contre leur propre patrie, contre de bons Princes qui dédaignent de se venger, & contre des citoyens qui ne le peuvent, ont mérité l'exécration publique. Il a composé *la conduite de la France depuis la paix de Nimégue*, & *la réponse* au même livre. *L'Etat de la France sous Louis XIII. & sous Louis XIV. La conduite de Mars dans les guerres de Hollande. Les conquêtes amoureuses du grand Alcandre. Les intrigues amoureuses de la France. La vie de Turenne. Celle de l'Amiral Coligni. Les Mémoires de Rochefort, d'Artagnan, de Monbrun, de Vordac, de la Marquise de Fréne. Le Testa-*

ment politique de Colbert, & beaucoup d'autres ouvrages qui ont amusé & trompé les esprits faibles. Il a été imité par les Auteurs de ces misérables brochures contre la France, *le Glaneur, l'Epilogueur*, &c. Ouvrages que la faim à inspirés, que la sottise & le mensonge ont dictés, à peine lus de la canaille. m. à Paris en 1712.

SANLEQUE (*Louis*) Chanoine régulier, Poëte qui a fait quelques jolis vers. C'est un des effets du siécle de *Louis XIV*. que le nombre prodigieux des Poëtes médiocres dans lesquels on trouve des vers heureux. La plupart de ces vers apartiennent au tems, & non au génie. m. en 1714.

SANSON (*Nicolas*) né à Abbeville en 1600. le pére de la Géographie avant *Guillaume de l'Isle*, m. en 1667. Ses deux fils héritérent de son mérite.

SANTEUIL (*Jean Bapt.*) né à Paris en 1600. exellent Poëte Latin, si on peut l'être, & qui ne pouvait faire de vers Français. Ses hymnes font chantées dans l'Eglife. m. en 1697.

SARRASIN (*Jean François*) né près de Caën en 1605. a écrit agréablement en profe & en vers m. en 1655.

SAVARI (*Jacques*) né en 1622. Le premier qui ait écrit fur le commerce. Il avait été longtems Négotiant. Le Confeil le confulta fur l'Ordonnance de 1673. & il en rédigea prefque tous les articles. Le Dictionnaire de Commerce qui eft de lui, & de *Philémon* fon frére, Chanoine de *St. Maur*, fut une entreprife auffi utile que nouvelle ; mais il faut regarder ces livres à peu près comme les intérêts des Princes qui changent en moins de cinquante ans. Les objets & les canaux du Commerce, les gains, les fineffes, ne font plus aujourd'hui ce qu'ils étaient du tems de *Savari*. m. en

SAUMAISE (*Claude*) né en Bourgogne en 1588. retiré à Leide pour être libre. Homme d'une érudition connuë. m. en 1653.

SAURIN (*Jacques*) né à Nîmes en 1677. Il paſſa pour le meilleur Prédicateur des Egliſes reformées. Cependant on lui reproche, comme à tous ſes confrères, ce qu'on appelle le ſtile réfugié. *Il eſt difficile*, dit-il, *que ceux qui ont ſacrifié leur patrie à leur Religion parlent leur langue avec pureté*, &c. De ſon tems cependant le Français ne s'était pas corrompu en Hollande comme il l'eſt aujourd'hui. *Bayle* n'avait point le ſtile refugié ; il ne péchait que par une familiarité qui aproche quelquefois de la baſſeſſe. Les défauts du langage des Paſteurs Calviniſtes venaient de ce qu'ils copiaient les phraſes incorrectes des premiers Réformateurs ; de plus preſque tous ayant été élévés à Saumur, en Poitou, en Dauphiné, ou en Languedoc, ils conſervaient les maniéres de parler vitieuſes de la Province. On créa pour *Saurin* une place de Miniſtre de la Nobleſſe à la Haye. Il était ſavant & homme de plaisir. m. en 1730.

Sa famille n'a rien de commun avec celle de *Joseph Saurin* de l'Académie des Sciences, de qui on n'a d'autres ouvrages que des extraits du *Journal des Savants*, quelques Mémoires de Mathématiques, & son fameux *Factum* contre *Rousseau*. *Joseph Saurin* mourut en 1737.

SAUVEUR (*Joseph*) né à la Flêche en 1653. Il aprit sans maître les élémens de la Géométrie. Il est un des premiers, qui ait calculé les avantages & les défavantages des jeux de hazard. Il difait, que tout ce que peut un homme en Mathématique un autre le peut aussi. Cela s'entend pour ceux qui se bornent à apprendre, mais non pour les inventeurs. Il avait été muet jusqu'à l'âge de sept ans. m. en 1716.

SCARRON (*Paul*) fils d'un Conseiller de la Grand'Chambre, né en 1592. Ses Comédies sont plus burlesques que Comiques. Son *Virgile travesti* n'est pardonnable qu'à un bouffon. Son *Roman comique* est presque le seul de ses ouvrages que les gens de goût aiment encore. C'est ce que *Boileau* avait prédit. m. en 1660.

SCUDERI (*George* de) né au Havre de Grace en 1603. Favorisé du Cardinal de *Richelieu*, il balança quelque tems la réputation de *Corneille*. Son nom est plus connu que ses ouvrages. m. en 1667.

SCUDÉRI. (*Magdeleine*) sœur de George, née au Havre en 1607. plus connue aujourd'hui par quelques vers agréables qui restent d'elle, que par les énormes Romans de la *Clélie* & du *Cyrus*. Louis XIV. lui donna une pension, & l'accueillit avec distinction. Ce fut elle qui remporta le premier prix d'éloquence fondé par l'Académie. m. en 1701.

SEGRAIS (*Jean* né à Caën en 1625. *Mademoiselle* l'appelle *une maniere de bel esprit*; mais c'était en effet un très bel esprit, & un véritable homme de lettres. Il fut obligé de quitter le service de cette Princesse, pour s'être opposé à son mariage avec le Comte de *Lauzun*.

Ses églogues & sa traduction de *Virgile* furent estimés, mais aujourd'hui on ne les lit plus. Il est remarquable qu'on a retenu des vers de la *Pharsale* de *Brébœuf*, & aucun de l'*Enéide* de *Ségrais*. Cependant *Boileau* loue *Ségrais* & dénigre *Brébœuf*. m. en 1701.

SENAUT (*Jean François*) né en 1601. Général de l'Oratoire, Prédicateur qui fut à l'égard du Pére *Bourdaloue* ce que *Rotrou* est pour *Corneille*, son prédécesseur & rarement son égal. Il est compté parmi les premiers restaurateurs de l'éloquence, plutôt que dans le petit nombre des hommes véritablement éloquens. m. en 1692.

SÉNEÇAI, premier valet de Chambre de *Marie-Thérèse*. Poëte d'une imagination singulière. Son Conte du *Kaïmac*, à quelques endroits près, est un ouvrage distingué. C'est un exemple qui apprend qu'on peut très bien conter d'une autre manière que *la Fontaine*. On peut observer que cette piéce, la meilleure qu'il ait faite, est la seule qui ne se trouve pas dans son recueil. Il y a aussi dans ses *Travaux d'Apollon* des beautés singulières & neuves.

SÉVIGNÉ (*Marie de Rabutin*) née en 1626. Ses lettres remplies d'anecdotes, écrites avec liberté, & d'un stile qui peint & anime tout, sont la meilleure critique des lettres étudiées où l'on cherche l'esprit, & encor plus de ces lettres supposées dans lesquelles on veut imiter le stile épistolaire, en étalant de faux sentimens & de fausses avantures à des corespondans imaginaires. m. en 1696.

SILVA, Juif de Bordeaux, très célèbre Médecin à Paris, a fait un livre estimé sur la saignée ; il était fort au-dessus de son livre. C'était un de ces Médecins que *Moliére* n'eût pu ni osé rendre ridicules. m. vers l'an 1746.

SIMON (*Richard*) né en 1638. de l'Oratoire. Excellent Critique. Son *Histoire de l'origine & du progrès des revenus Ecclésiastiques*, son *Histoire critique du Vieux Testament* &c. sont lues de tous les savans. m. à Dieppe en 1712.

SIRMOND (*Jacques*) Jésuite, est né vers l'an 1559. L'un des plus savans & des plus aimables hommes de son tems. On sait à peine qu'il fut confesseur de *Louis XIII.* parce qu'il fit à peine parler de lui dans ce poste délicat. Il fut préféré par le Pape à tous les savans d'Italie pour faire la préface de la collection des Conciles. Ses nombreux ouvrages furent très estimés, & sont très-peu lus. m. en 1651.

SIRMOND (*Jean*) neveu du précédent, Historiographe de France, avec le brevet de Conseiller d'Etat, qui était d'ordinaire attaché à la charge d'Historiographe. L'un de ses principaux ouvrages est la vie du Cardinal d'*Amboise*, qu'il ne composa que pour mettre ce Ministre au dessous du Cardinal de *Richelieu* son protecteur. Il fut un des premiers Académiciens. m. en 1649.

SORBIERES (*Samuel*) né en Dauphiné en 1610. L'un de ceux qui ont porté le titre d'Historiographe de France. Ami du Pape *Clément IX.* avant son exaltation, ne recevant que de faibles marques de la générosité de ce Pontife, il lui écrivit : » Saint Pére, vous envoyez » des manchettes à celui qui n'a » point de chemise. « Il effleura beaucoup de genres de science. m. en 1670.

DE LA SUZE, (la Comtesse *Henriette* de *Coligni*) célèbre dans son tems par son esprit & par ses élégies. C'est elle qui se fit Catholique parce que son mari était Huguenot, & qui s'en sépara, afin (disait la Reine *Christine*) de ne voir son mari ni dans ce monde-ci, ni dans l'autre. m. en 1673.

TALLEMANT (*François*) né à la Rochelle en 1620. second traducteur de *Plutarque*. m. en 1693.

TALLEMANT (*Paul*) né à Paris en 1642. Quoiqu'il fût petit-fils du riche *Montoron*, & fils d'un Maître des Reqêtes qui avait eu deux-cent-mille livres de rente de notre monnoie d'aujourd'hui, il se trouva presque sans fortune. *Colbert* lui fit du bien comme aux autres gens de lettres. Il a eu la principale part à l'Histoire du Roi par médailles. m. en 1712.

TALON (*Omer*) Avocat général du Parlement de Paris, a laissé des Mémoires utiles, dignes d'un bon Magistrat & d'un bon citoyen. m. en 1652.

TARTERON, Jésuite. Il a traduit les Satyres d'*Horace*, de *Perse* & de *Juvenal*; & a supprimé les obscénités grossières dont il est étrange que *Juvenal* & surtout *Horace* ayent souillé leurs ouvrages. Il a ménagé en cela la jeunesse pour laquelle il croyait travailler ; mais sa traduction n'est pas assez littérale pour elle ; le sens est rendu, mais non pas la valeur des mots.

TERRASSON (l'Abbé) né en 1669. Philosophe pendant sa vie

& à fa mort. Il y a de beaux morceaux dans fon *Setos*. Sa traduction de *Diodore* eft utile, fon examen d'*Homère* fans aucun goût. m. en 1750.

THIERS (*Jean-Baptifte*) né à Chartres en 1641. On a de lui beaucoup de differtations. C'eft lui qui écrivit contre l'infcription du Couvent des Cordéliers de Rheims, *A Dieu & à St. François tous deux crucifiés*. m. en 1703.

THOMASSIN (*Louis*) de l'Oratoire, né en Provence en 1619. Homme d'une érudition profonde. Il fit le premier des conférences fur les Péres, fur les Conciles & fur l'Hiftoire. Il oublia fur la fin de fa vie tout ce qu'il avait fçu, & ne fe fouvint plus d'avoir écrit. m. en 1695.

THOYNARD (*Nicolas*) né à Orléans en 1629. On prétend qu'il a eu grande part au Traité du Cardinal *Norris* fur les *Epoques Syriennes*. Sa *Concordance des quatre Evangeliftes* en Grec paffe pour un ouvrage

vrage curieux. Il était favant, mais il l'était profondément. m. en 1706.

DE TORCI (*Jean Baptiste Colbert*) neveu du grand *Colbert*, Ministre d'Etat sous *Louis XIV*. A laissé des Mémoires depuis la paix de Riswick jusqu'à celle d'Utrecht : ils ont été imprimés pendant qu'on achevait l'édition de cet *Essai sur le siécle de Louis XIV*. Ils confirment tout ce qu'on y avance. Ces Mémoires renferment des détails qui ne conviennent qu'à ceux qui veulent s'instruire à fond : ils font écrits plus purement que tous les Mémoires de ses prédécesseurs : on y reconnait le goût de la Cour de *Louis XIV*. Mais leur plus grand prix est dans la fincérité de l'Auteur : c'est la vérité, c'est la modération elle-même, qui ont conduit fa plume. m. en 1746.

TOUREIL (*Jacques*) né à Toulouse en 1656. Célébre par sa traduction de *Demosthène*. m. en 1715.

TOURNEFORT (*Joseph Pitton* de) né en Provence en 1656. Le plus grand Botaniſte de ſon tems. Il fut envoyé par *Louis XIV*. en Eſpagne, en Angleterre, en Hollande, en Gréce & en Aſie, pour perfectionner l'Hiſtoire naturelle. Il raporta treize-cent trente-ſix nouvelles eſpèces de plantes, & il nous apprit à connaître les nôtres. m. en 1708.

LE TOURNEUX, né en 1640. Son *Année Chrétienne* eſt dans beaucoup de mains, quoique miſe à Rome à l'Index des livres prohibés, ou plutôt parce qu'elle y eſt miſe. m. en 1686.

TRISTAN *l'Hermite*, Gentilhomme de *Gaſton* d'Orléans frére de *Louis XIII*. Le prodigieux & long ſuccès qu'eut ſa tragédie de *Mariamne* fut le fruit de l'ignorance où l'on était alors. On n'avait pas mieux, & quand la réputation de cette piéce fut établie, il falut plus d'une tragédie de *Corneille* pour la faire oublier. Il y a encor des Nations chez qui des ouvrages très médiocres paſſent pour des chefs-d'œuvre, parce qu'il ne s'eſt pas trouvé de génie qui les ait ſurpaſſés. On ignore communément que *Tristan* ait mis en vers l'Office de la Vierge, & il n'est pas étrange qu'on l'ignore. m. en 1655. Voici son épitaphe qu'il composa.

Je fis le chien couchant auprès d'un grand Seigneur.
Je me vis toujours pauvre, & tâchai de paraître.
Je vécus dans la peine attendant le bonheur,
Et mourus sur un coffre en attendant mon Maître.

VAILLANT (Jean Foy) né à Beauvais en 1632. Le public lui doit la *Science des Médailles*, & le Roi la moitié de son cabinet. Le Ministre *Colbert* le fit voyager en Italie, en Gréce, en Egypte, en Turquie, en Perse. Des Corsaires d'Alger le prirent en 1664. avec l'Architecte *Desgodets*. Le Roi les racheta tous deux. Jamais savant n'essuya plus de dangers. m. en 1705.

VAILLANT (Jean François) né à Rome en 1665. pendant les voyages de son pére. Antiquaire comme lui. m. en 1708.

VALINCOURT (*Jean Baptiste Henri du Trousset* de) né en 1653. Une épitre que *Despréaux* lui a adressée, fait sa plus grande réputation. On a de lui quelques petits ouvrages. Il était bon Littérateur. Il fit une assez grande fortune, qu'il n'eût pas faite s'il n'eût été qu'homme de lettres. Les Lettres seules dénuées de cette sagacité laborieuse qui rend un homme utile, ne procurent presque jamais qu'une vie malheureuse & méprisée. Un des meilleurs discours qu'on ait jamais prononcés à l'Académie, est celui dans lequel Mr. *de Valincourt* tâche de guérir l'erreur de ce nombre prodigieux de jeunes gens, qui prenant leur fureur décrire pour du talent, vont présenter de mauvais vers à des Princes, inondent le public de leurs brochures, & qui accusent l'ingratitude du siécle parce qu'ils sont inutiles au monde & à eux-mêmes. Il les avertit que les professions qu'on croit les plus basses font fort supérieures à celle qu'ils ont embrassée. m. en 1730.

VALOIS (*Adrien*) né à Paris en 1607. Historiographe de France. Ses meilleurs ouvrages sont sa *Notice des Gaules*, & son histoire de la première race. m. en 1662.

VALOIS (*Henri*) frère du précédent, né en 1603. Ses ouvrages sont moins utiles à des Français que ceux de son frère. m. en 1676.

VARIGNON (*Pierre*) né à Caën en 1654. Mathématicien célèbre. m. en 1722.

VARILLAS (*Antoine*) né dans la Marche en 1624. Historien plus agréable qu'exact. m. en 1696.

LE VASSOR (*Michel*) de l'Oratoire. Réfugié en Angleterre. Son *Histoire de Louis XIII.* diffuse, pesante & satyrique, a été recherchée pour beaucoup de faits singuliers qui s'y trouvent : mais c'est un déclamateur odieux, qui dans l'Histoire de *Louis XIII.* ne cherche qu'à décrier *Louis XIV*. qui attaque les morts & les vivans ; il ne se trompe que sur peu de faits, & passe pour s'être trompé dans ses jugements. m. en 1718.

VAVASSEUR, né dans le Charolois en 1605. Jésuite, grand Littérateur. Il fit voir le premier que les Grecs & les Romains n'ont jamais connu le stile burlesque, qui n'est qu'un reste de barbarie. m. en 1681.

VAUBAN (le Maréchal de) né en 1633. Sa Dixme réelle n'a pu être exécutée, & est en effet impraticable. On a de lui plusieurs Mémoires dignes d'un si bon citoyen. m. en 1707.

VAUGELAS (*Claude Favre*) né à Chamberi en 1585. C'est un des premiers qui ont épuré & réglé la Langue, & de ceux qui pouvaient faire des vers Italiens sans en pouvoir faire de Français. Il retoucha pendant trente-ans sa traduction de *Quinte-Curce*. Tout homme qui veut bien écrire doit corriger ses ouvrages toute sa vie. m. en 1650.

LE VAYER (*François*) né à Paris en 1588. Précepteur de *Monsieur* frère de *Louis XIV*. & qui enseigna le Roi un an. Historiographe de France, Conseiller d'Etat, grand Pyrrhonien & connu pour tel. Son Pyrrhonisme n'empêcha pas qu'on ne lui confiât une éducation si précieuse. On trouve beaucoup de science & de raison dans ses ouvrages trop diffus. C'était le plus savant homme de l'Académie. Il est beaucoup plus hardi que *Bayle* dans son septicisme, & est moins reservé dans ses libertés cyniques. Sa devise était :

De las cosas mas seguras
Las mas segura es dudar.

comme celle de *Montagne* était : *Que sçai-je ?* m. en 1672.

VEISSIERES (*Mathurin de* LA CROZE) né à Nantes en 1661. Bénédictin à Paris. Sa liberté de penser, & un Prieur contraire à cette liberté, lui firent quitter son

Ordre & sa Religion. C'était une bibliothèque vivante, & sa mémoire était un prodige. Outre les choses utiles & agréables qu'il savait, il en avait étudié d'autres qu'on ne peut savoir, comme l'ancienne Langue Egyptienne. Il y a de lui un ouvrage estimé, c'est *le Christianisme des Inde*. Ce qu'on y trouve de plus curieux, c'est que les Bramins croyent l'unité d'un DIEU en laissant les idoles aux Peuples. La fureur d'écrire est telle qu'on a écrit la vie de cet homme en un volume aussi gros que la vie d'*Alexandre*. Ce petit extrait encor trop long aurait suffi. m. à Berlin en 1739.

VERGIER [*Jacques*] né à Paris en 1675. Il est à l'égard de *la Fontaine* ce que *Campistron* est à Racine. Imitateur faible, mais naturel. Mort assassiné à Paris par des voleurs en 1720. On laisse entendre dans le *Moréri*, qu'il avait fait une parodie contre un Prince puissant qui le fit tuer. Ce conte est faux.

VERTOT (*René Aubert*) né en Normandie en 1655. Historien

agréable & élégant. m. en 1735.

VICHART DE SAINT-REAL [*César*] né à Chambéri, mais élevé en France. Son *histoire de la conjuration de Venise* est un chef-d'œuvre. Sa *Vie de* JESUS-CHRIST est bien différente. m. en 1692.

VILLARS DE MONFAUCON (l'Abbé de) né en 1635. célèbre par le *Comte de Gabalis*. C'est une partie de l'ancienne mythologie des Perses. L'Auteur fut tué en 1673. d'un coup de pistolet. On dit que les Sylphes l'avaient assassiné pour avoir révélé leurs mystères.

VILLARS (le Maréchal Duc de) né en 1652. Le premier tome des Mémoires qui portent son nom est entiérement de lui m. en 1734.

VILLEDIEU (Madame de) Ses Romans lui firent de la réputation. Au reste on est bien éloigné de vouloir donner ici quelque prix à tous ces Romans dont la France a été & est encor inondée ; ils ont presque tous été, excepté *Zaïde*, des productions d'esprits faibles, qui écrivent avec facilité des choses indignes d'être luës par des esprits solides ; ils sont même pour la plûpart dénués d'imagination, & il y en a plus dans quatre pages de l'*Arioste* que dans tous ces insipides écrits qui gâtent le goût des jeunes gens. m. en 1683.

VILLIERS *Pierre* né à Coignac en 1648. Jésuite. Il cultiva les Lettres comme tous ceux qui sont sortis de cet Ordre. Ses Sermons & son Poëme sur l'art de prêcher eurent de son tems quelque réputation Ses Stances sur la solitude sont fort au dessus de celles de *Saint Amant*, qu'on avait tant vantées, mais ne sont pas encor tout-à-fait dignes d'un siécle si au dessus de celui de *Saint Amant*. m. en 1728.

VOITURE (*Vincent*) né à Amiens en 1598. C'est le premier qui fut en France ce qu'on appelle un bel esprit. Il n'eut guères que ce mérite dans ses écrits, sur lesquels on ne peut se former le goût ; mais ce mérite était alors très-rare. On a de lui de très-jolis vers, mais en petit nombre. Ceux qu'il fit pour la Reine *Anne* d'Autriche, & qu'on n'imprima pas dans son recueil, sont un monument de cette liberté galante qui régnait à la Cour de cette Reine, dont les Frondeurs lassèrent la douceur & la bonté.

. . . .
. . . .

Je pensais si le Cardinal,
J'entens celui de la Vallette,
Pouvait voir l'éclat sans égal
Dans lequel maintenant vous éte, *
J'entends celui de la beauté,
Car auprès je n'estime guère,
Cela soit dit sans vous déplaire,
Tout l'éclat de la majesté.

Il fit aussi des vers Italiens & Espagnols avec succès. m. en 1648.

Ce n'est pas la peine de pousser

***

* Alors on était dans l'usage de retrancher dans les vers les lettres finales qui incommodaient: *vous éte*, pour *vous êtes* C'est ainsi qu'en usent les Italiens & les Anglais. La Poésie Française est trop gênée & très-souvent trop prosaïque.

plus loin ce Catalogue. On y voit un petit nombre de grands génies, un assez grand d'imitateurs, & on pourrait donner une liste beaucoup plus longue des savants. Il sera difficile désormais qu'il s'élève des génies nouveaux, à moins que d'autres mœurs, une autre sorte de gouvernement, ne donnent un tour nouveau aux esprits. Il sera impossible qu'il se forme des savans universels, parce que chaque science est devenue immense. Il faudra nécessairement que chacun se réduise à cultiver une petite partie du vaste champ que le siecle de *Louis XIV*. a défriché.

CHAPITRE CCXV.

ARTISTES CÉLÉBRES.

Des Musiciens.

LA Musique Française, du moins la vocale, n'est du goût d'aucune autre Nation. Elle ne peut l'être, parce que la prosodie Française est différente de toutes celles de l'Europe. Nous appuyons toûjours sur la derniére syllabe; & toutes les autres Nations pésent sur la pénultiéme, ou sur l'antépénultiéme, ainsi que les Italiens. Notre Langue est la seule qui ait des mots terminés par des *e muets*, & ces *e* qui ne sont pas prononcés dans la déclamation ordinaire, le font dans la déclamation notée, & le font d'une maniére uniforme, *gloi-reu, victoi-reu, barbari-eu, furi-eu*... Voilà ce qui rend la plûpart de nos airs & notre recitatif insupportable à quiconque n'y est pas accoutumé. Le climat refuse encor aux voix la légéreté que donne celui d'Italie ; nous n'avons point l'habitude qu'on a chez le Pape & dans les autres Cours Italiennes, de priver les hommes de leur virilité pour leur donner une voix plus belle que celle des femmes. Tout cela joint à la lenteur de notre chant, qui fait un étrange contraste avec la vivacité de notre nation, rendra toûjours la Musique Française propre pour les seuls Français.

Malgré toutes ces raisons, les étrangers, qui ont été longtems en France, conviennent que nos Musiciens ont fait des chefs-d'œuvre en ajustant leurs airs à nos paroles, & que cette déclamation notée est souvent une expression admirable ; mais elle ne l'est que pour des oreilles très-accoutumées, & il faut une exécution parfaite.

La Musique instrumentale s'est ressentie un peu de la monotonie & de la lenteur qu'on reproche à la vocale ; mais plusieurs de nos symphonies, & surtout nos airs de danse, ont trouvé plus d'applaudissemens chez les autres Nations. On les exécute dans beaucoup d'*Opéra* Italiens; il n'y en a presque jamais d'autres chez un Roi qui entretient un des meilleurs *Opéra* de l'Europe, & qui parmi ses autres talens singuliers a cultivé avec un très-grand soin celui de la Musique.

Jean-Baptiste LULLI, né à Florence en 1633. amené en France à l'âge de quatorze ans, & ne sachant encor que jouer du violon, fut le pére de la vraie Musique en France. Il sut accommoder son art au génie de la Langue; c'était l'unique moyen de réussir. Il est à remarquer qu'alors la Musique Italienne ne s'éloignait pas de la gravité & de la noble simplicité que nous admirons encor dans les récitatifs de *Lulli*.

Rien ne ressemble plus à ces récitatifs que le fameux Motet de *Luigi* chanté en Italie avec tant de succès dans le dix-septiéme siécle, & qui commence ainsi:

Sunt breves mundi rosæ, sunt fagitivi flo-
    res,
Frondes veluti annosæ, sunt labiles hono-
    res.

Il faut bien observer que dans cette Musique de pure déclamation, qui est la *Mélopée* des anciens, c'est principalement la beauté naturelle des paroles qui produit la beauté du chant; on ne peut bien déclamer que ce qui mérite de l'être. C'est à quoi on se méprit beaucoup du tems de *Quinault* & de *Lulli.* Les Poëtes étaient jaloux du Poëte, & ne l'étaient pas du Musicien. *Boileau* reproche à *Quinault*,

Ces lieux communs de Morale lubrique
Que Lulli réchauffa des sons de sa Musi-
    que.

Les passions tendres que *Quinault* exprimait si bien étaient sous sa plume la peinture vraie du cœur humain, bien plus qu'une morale lubrique; *Quinault* par sa diction échauffait encor plus la Musique,

que l'art de *Lulli* n'échaufait fes paroles. Il fallait ces deux hommes & des Acteurs, pour faire de quelques fcènes d'*Atis*, d'*Armide* & de *Roland* un fpectacle tel que ni l'Antiquité, ni aucun peuple contemporain, n'en connut. Les airs détachés, les ariettes, ne répondirent pas à la perfection de ces grandes fcènes. Ces airs, ces petites chanfons, étaient dans le goût de nos *Noëls*; ils reffemblaient aux *barcaroles* de Venife; c'était tout ce qu'on voulait alors. Plus cette Mufique était faible, plus on la retenait aifément.

Après *Lulli*, tous les Muficiens, comme COLASSE, CAMPRA, DESTOUCHES & les autres, ont été fes imitateurs, jufqu'à ce qu'enfin il eft venu un homme, qui s'eft élevé au-deffus d'eux par la profondeur de fon harmonie, & qui a fait de la Mufique un art nouveau.

A l'égard des Muficiens de Chapelle, quoiqu'il y en ait plufieurs célèbres en France, leurs ouvrages n'ont point encor été exécutés ailleurs.

Des Peintres.

Il n'en est pas de la PEINTURE comme de la Musique. Une Nation peut avoir un chant qui ne plaise qu'à elle, parce que le génie de sa Langue n'en admettra pas d'autres ; mais les Peintres doivent représenter la Nature, qui est la même dans tous les pays, & qui est vuë avec les mêmes yeux.

Il faut, pour qu'un Peintre ait une juste réputation, que ses ouvrages ayent un prix chez les étrangers. Ce n'est pas assez d'avoir un petit parti, & d'être loué dans des petits livres ; il faut être acheté.

Ce qui resserre quelquefois les talens des Peintres, est ce qui semblerait devoir les étendre. C'est le goût académique, c'est la maniére qu'ils prennent d'après ceux qui président. Les Académies sont sans doute très-utiles pour former des éléves, surtout quand les Directeurs travaillent dans le grand goût ; mais si le Chef a le goût petit, si sa manière est aride & léchée, si ses figures grimacent, si ses tableaux sont peints comme les éventails ; les élèves subjugués par l'imagination, ou par l'envie de plaire à un mauvais maître, perdent entiérement l'idée de la belle nature. Il y a une fatalité sur les Académies. Aucun ouvrage, qu'on appelle académique, n'a été encor en aucun genre un ouvrage de génie. Donnez moi un Artiste tout occupé de la crainte de ne pas saisir la manière de ses confréres, ses productions seront compassées & contraintes. Donnez moi un homme d'un esprit libre, plein de la nature qu'il copie, il réussira. Presque tous les Artistes sublimes, ou ont fleuri avant les établissemens des Académies, ou ont travaillé dans un goût différent de celui qui régnait dans ces sociétés.

Corneille, *Racine*, *Despréaux*, *le Moine*, non seulement prirent une route différente de leurs confréres, mais ils les avaient presque tous pour ennemis.

Nicolas POUSSIN, né aux Andelis en Normandie en 1599. fut l'éléve de son génie ; il se perfectionna à Rome. On l'appelle le Peintre des gens d'esprit ; on pourrait aussi l'appeller celui des gens de goût. Il n'a d'autre défaut que celui d'avoir outré le sombre du coloris de l'école Romaine. Il était dans son tems le plus grand Peintre de l'Europe. Rappellé de Rome à Paris, il y céda à l'envie & aux cabales ; il se retira, c'est ce qui est arrivé à plus d'un Artiste. Le *Poussin* retourna à Rome, où il vécut pauvre, mais content. Sa Philosophie le mit au-dessus de la fortune. m. en 1665.

Eustache LE SUEUR, né à Paris en 1617. n'ayant eu que *Vouet* pour maître, devint cependant un Peintre excellent. Il avait porté l'art de la Peinture au plus haut point, lorsqu'il mourut à l'âge de trente-huit ans en 1655.

BOURDON & LE VALENTIN ont été célèbres. Trois des meilleurs

Tableaux qui ornent l'Eglife de *St. Pierre* de Rome, font du *Pouſſin*, du *Bourdon* & du *Valentin*.

Charles LE BRUN, né à Paris en 1619. A peine eut-il dévelopé fon talent, que le Surintendant *Fouquet*, l'un des plus généreux & des plus malheureux hommes qui ayent jamais été, lui donna une penſion de vingt-quatre-mille livres de notre monnoie d'aujourdhui. Il eſt à remarquer que fon tableau *de la famille de Darius*, qui eſt à Verſailles, n'eſt point effacé par le coloris du tableau de *Paul Véroneſe* qu'on voit vis-à-vis, & le ſurpaſſe beaucoup par le deſſein, la compoſition, la dignité, l'expreſſion & la fidélité du *coſtume*. Les eſtampes de fes tableaux des *batailles d'Alexandre* font encor plus recherchées que les *batailles de Conſtantin* par *Raphaël* & par *Jules Romain*. m. en 1690.

Pierre MIGNARD, né à Troies en Champagne en 1610. fut le rival de *le Brun* pendant quelque tems; mais il ne l'eſt pas aux yeux de la poſtérité. m. en 1695.

Claude GELÉE, dit *Claude* LORRAIN. Son pére qui en voulait faire un garçon pâtiffier ne prévoyait pas qu'un jour fon fils ferait des tableaux qui feraient regardés comme ceux d'un des premiers payfagiftes de l'Europe. m. à Rome en 1678.

CASE. On a de lui des tableaux qui commencent à être d'un grand prix. On rend trop tard juftice en France aux bons Artiftes. Leurs ouvrages médiocres y font trop de tort à leurs chefs-d'œuvre. Les Italiens au contraire paffent chez eux le médiocre en faveur de l'excellent. Chaque Nation cherche à fe faire valoir. Les Français font valoir les autres Nations en tout genre.

Jofeph PAROSSEL, né en 1648. bon Peintre, & furpaffé par fon fils. m. en 1704.

Jean JOUVENET, né à Rouen en 1644. élève de *le Brun*, inférieur à fon maître quoique bon Peintre. Il a peint prefque tous les objets d'une couleur jaune. Il les voyait de cette couleur par une singuliére conformation d'organes. m. en 1717.

Jean-Baptiste SANTERRE. Il y a de lui des tableaux de chevalet admirables, d'un coloris vrai & tendre. Son tableau *d'Adam & d'Eve* est un des plus beaux qu'il y ait en Europe. Celui de *Ste. Thérèse* dans la Chapelle de Versailles est un chef-d'œuvre de graces, & on ne lui a reproché que d'être trop voluptueux pour un tableau d'Autel.

LA FOSSE s'est distingué par un mérite à peu-près semblable.

Bon BOULOGNE, excellent Peintre; la preuve en est que ses tableaux sont vendus fort cher.

Louis BOULOGNE; ses tableaux qui ne sont pas sans mérite sont moins recherchés que ceux de son frére.

RAOUS, Peintre inégal; mais quand il a réussi, il a égalé le *Rimbrand*.

RIGAUT : quoiqu'il n'ait guères de réputation que dans le portrait, le grand tableau où il a représenté le Cardinal de *Bouillon* ouvrant l'année sainte, est un chef d'œuvre égal aux plus beaux ouvrages de *Rubens*.

DE TROIE, a travaillé dans le goût de *Rigaut*. On a de son fils des tableaux d'histoire estimés.

VATEAU a été dans le gracieux à-peu-près ce que *Téniéres* a été dans le grotesque. Il a fait des disciples dont les tableaux sont recherchés.

LE MOINE a peut-être surpassé tous ces Peintres par la composition *du sallon d'Hercule* à Versailles. Cette apothéose d'*Hercule* était une flaterie pour le Cardinal *Hercule de Fleuri*, qui n'avait rien de commun avec l'*Hercule* de la fable. Il eût mieux valu dans le salon d'un Roi de France représenter l'apothéose de *Henri IV*. *Le Moine* envié de ses confréres, & se croyant mal récompensé

pensé du Cardinal, se tua de désespoir.

Quelques autres ont excellé à peindre des animaux, comme Desportes & Oudry; d'autres ont réussi dans la mignature; plusieurs dans le portrait. Quelques Peintres se distinguent aujourdhui dans de plus grands genres; & il est à croire que cet Art ne périra pas.

Sculpteurs, Architectes, Graveurs, &c.

La Sculpture a été poussée à sa perfection sous *Louis XIV*. & se soûtient dans sa force sous *Louis XV*.

Jacques SARRASIN, né en 1598. fit des chefs-d'œuvre à Rome pour le Pape Clément VIII. Il travailla à Paris avec le même succès. m. en 1660.

Pierre PUGET, né en 1662. Architecte, Sculpteur & Peintre: célébre principalement par *l'Andro-*

mède & par le *Milon Crotoniate*. m. en 1695.

Le Gros & Theodon ont embelli l'Italie de leurs ouvrages.

François Girardon, né en 1627. a égalé tout ce que l'Antiquité a de plus beau, par les bains d'*Appollon* & par le tombeau du Cardinal de *Richelieu*. m. en 1715.

Les Coisevaux & les Coustoux & beaucoup d'autres se sont très-distingués, & sont encor surpassés aujourdhui par quatre ou cinq de nos Sculpteurs.

Chauveau, *Nanteuil*, *Meulan*, *Audran*, *Hedeling*, *le Clerc*, *les Drevet*, *Poilly*, *Picart*, *Duchange*, suivis encor par de meilleurs Artistes, ont réussi dans les tailles-douces, & leurs estampes ornent dans l'Europe les cabinets de ceux qui ne peuvent avoir des tableaux.

De simples Orfévres, tels que Balin & Germain, ont mérité d'être mis au rang des plus célèbres

Artistes, par la beauté de leur deſſein, & par l'élégance de leur exécution.

Il n'eſt pas auſſi facile à un génie né avec le grand goût de l'ARCHITECTURE de faire valoir ſes talens, qu'à tout autre Artiſte. Il ne peut élever de grands monumens que quand des Princes les ordonnent. Plus d'un bon Architecte a eu des talens inutiles.

François MANSARD a été un des meilleurs Architectes de l'Europe. Le Château ou plutôt le Palais de *Maiſons* auprès de St. Germain eſt un chef d'œuvre, parce qu'il eut la liberté entiére de ſe livrer à ſon génie.

Jules Hardouin MANSARD ſon neveu fit une fortune immenſe ſous Louis XIV. & fut Surintendant des Bâtimens. La belle Chapelle des Invalides eſt de lui. Il ne put déployer tous ſes talens dans celle de Verſailles, où il fut gêné par le terrain.

On reproche à la ville de Paris

de n'avoir que deux fontaines dans le bon goût ; l'ancienne de *Jean Gougeon*, & la nouvelle de *Bouchardon* ; encor sont-elles toutes deux mal placées. On lui reproche de n'avoir d'autre Théatre magnifique que celui du Louvre dont on ne fait point d'usage, & de ne s'assembler que dans des salles de spectacles sans goût, sans proportion, sans ornement, & aussi défectueuses dans l'emplacement que dans la construction : tandis que des Villes de Province donnent à la capitale un exemple qu'elle n'a pas encor suivi. La France a été distinguée par d'autres ouvrages publics d'une plus grande importance ; ce sont les vastes hopitaux, les magazins, les ponts de pierre, les quais, les immenses levées qui retiennent les rivieres dans leur lit, les canaux, les écluses, les ports, & surtout l'Architecture militaire de tant de Places frontiéres, où la solidité se joint à la beauté.

On connaît assez les ouvrages élevés sur les desseins de PERRAULT de Levau, & de Dorbay.

L'art des jardins a été créé & perfectionné par Le Notre pour l'agréable, & par La Quintinie pour l'utile.

La Gravure en pierres précieuses, les coins des médailles, les fontes des caractères pour l'Imprimerie, tout cela s'est ressenti des progrès rapides des autres Arts.

Les Horlogers, qu'on peut regarder comme des Physiciens de pratique, ont fait admirer leur esprit dans leur travail.

On a nuancé les étoffes, & même l'or qui les embellit, avec une intelligence & un goût si rare, que telle étoffe, qui n'a été portée que par luxe, méritait d'être conservée comme un monument d'industrie.

On a commencé à faire de la *porcelaine* à St. Cloud, avant que l'on en fît dans le reste de l'Europe.

Enfin le siécle passé a mis celui où nous sommes en état de rassembler en un corps, & de transmettre à la postérité le dépôt de toutes les Sciences & de tous les Arts; tous pouffés auffi loin que l'induftrie humaine a pû aller; & c'eft à quoi travaille aujourd'hui une fociété de favans, remplis d'efprit & de lumiéres. Cet ouvrage immenfe & immortel femble accufer la briéveté de la vie des hommes.

Fin du dixiéme & dernier Volume.

TABLE DES CHAPITRES

Contenus dans ce dixiéme Volume.

CHAP. CCVIII. *Du Janfenifme.* p. 1.
CHAP. CCIX. *Du Quiétifme.* 57.
CHAP. CCX. *Difputes fur les Cérémonies Chinoifes.* 78.
CHAP. CCXI. *Réfumé de toute cette Hiftoire, & point de vue fous lequel on peut la regarder.* 91.
CHAP. CCXII. *Des Beaux Arts en Europe du tems de* LOUIS XIV. 164.
CHAP. CCXIII. *Catalogue des Enfans de* LOUIS IV. *des Souverains contemporains, des Généraux, des Miniftres.* 123.
CHAP. CCXIV. *Catalogue de la plupart des Ecrivains français*

Table des Chapitres, *qui ont paru dans le siécle de* LOUIS XIV. *pour servir à l'Histoire Littéraire de ce tems.* 157.
CHAP. CCXV. *Artistes célèbres.* 341.

Fin de la Table.

www.ingramcontent.com/pod-product-compliance
Lightning Source LLC
Chambersburg PA
CBHW050253170426
43202CB00011B/1668